AF097988

www.ingramcontent.com/pod-product-compliance
Lightning Source LLC
LaVergne TN
LVHW011944070526
838202LV00054B/4791
* 9 7 8 8 1 1 9 0 2 2 5 6 4 *

درد آشنا چہرے

(خاکے)

مصنف:

کشمیری لال ذاکرؔ

© Taemeer Publications

Dard aashna Chahre *(khaake)*
by: Kashmiri Lal Zakir
Edition: January '2023
Publisher & Printer:
Taemeer Publications, Hyderabad.

ISBN 978-81-19022-56-4

مصنف یا ناشر کی پیشگی اجازت کے بغیر اس کتاب کا کوئی بھی حصہ کسی بھی شکل میں بشمول ویب سائٹ پر اَپ لوڈنگ کے لیے استعمال نہ کیا جائے۔ نیز اس کتاب پر کسی بھی قسم کے تنازع کو نمٹانے کا اختیار صرف حیدرآباد (تلنگانہ) کی عدلیہ کو ہوگا۔

© تعمیر پبلی کیشنز

کتاب	:	**درد آشنا چہرے**
مصنف	:	**کشمیری لال ذاکر**
صنف	:	خاکے
ناشر	:	تعمیر پبلی کیشنز (حیدرآباد، انڈیا)
زیر اہتمام	:	تعمیر ویب ڈیولپمنٹ، حیدرآباد
سالِ اشاعت	:	۲۰۲۳ء
تعداد	:	(پرنٹ آن ڈیمانڈ)
طابع	:	تعمیر پبلی کیشنز، حیدرآباد - ۲۴
صفحات	:	۱۶۰
سرورق ڈیزائن	:	تعمیر ویب ڈیزائن

فہرست

	دردایک شجر	کشمیری لال ذاکر	7
(۱)	بچے کی معصومیت والا شاعر	علامہ اقبال	9
(۲)	اردو ادب کا درونا آچاریہ	مولانا شبلی	17
(۳)	نئ صبحوں کا سفیر	حالی پانی پتی	26
(۴)	میں بھی خاکے لکھتا ہوں	مولوی عبدالحق	32
(۵)	میرا سیاسی شعور	حسرت موہانی	43
(۶)	گھنے جنگل کی سنہری دہلیز	سروجنی نائیڈو	54
(۷)	لیلیٰ کا عاشق	قاضی عبدالغفار	60
(۸)	زلفِ عنبریں میں شکن	جگر مرادآبادی	82
(۹)	میں ایک جزیرہ نہیں ہوں	خواجہ احمد عباس	88
(۱۰)	ایک بدخط آدمی	فکر تونسوی	97
(۱۱)	چادر اتنی میلی نہیں	راجندر سنگھ بیدی	104
(۱۲)	ایک درد مند انسان	ساحر ہوشیارپوری	113
(۱۳)	مہاجر	مظہر امام	118
(۱۴)	آدھی رات کا ہیرو	جگجیت سنگھ	132
(۱۵)	وہ اب لوٹ کر نہیں آئے گا	سریندر پنڈت سوز	141
(۱۶)	کلائمیکس کا آدمی	وشوانا تھ تیواڑی	149

لیفٹیننٹ جنرل بی۔ کے۔ این۔ چھبّر

گورنرپنجاب

کی نذر

جن کی رہنمائی سے میں ہمیشہ فیضیاب ہوتا رہا ہوں

درد - ایک شجر

اپنے دوستوں، بزرگوں اور ساتھیوں کے خاکوں پر مشتمل یہ میری تیسری کتاب ہے۔ پہلی کتاب "اپنی ہواؤں کی خوشبو" مکتبہ جامعہ لمیٹڈ، نئی دہلی نے کچھ برس پہلے چھاپی تھی۔ دو سال پہلے خاکوں کی دوسری کتاب "نئی صبحوں کے سفیر" شانِ ہند پبلی کیشنز، نئی دہلی نے شائع کی تھی۔

"درد آشنا چہرے" میری تیسری کتاب ہے جس میں ان بزرگوں کے خاکے ہیں جن سے میں کسی نہ کسی طرح سے متاثر ہوا۔ اُن تخلیق کاروں کے خاکے ہیں جو میرے ہم عصر تھے یا مجھ سے کچھ برس پہلے اپنے قلم کا جادو جگاتے رہے تھے۔ یہ کتاب بھی کچھ ایسے ہی بزرگوں، دوستوں اور ساتھیوں کے خاکوں پر مشتمل ہے، جن سے کسی نہ کسی صورت میں میری ذہنی یا قلبی وابستگی رہی۔

میں نے لمحوں کو اور الفاظ کو زندگی میں بڑی اہمیت دی ہے۔ لمحوں سے زندگیاں بنتی ہیں اور الفاظ سے کتابیں۔ کبھی کبھی لمحے اور الفاظ ایک دوسرے کے خلاف سازش بھی کر لیتے ہیں۔ اس کا انجام یہ ہوتا ہے کہ زندگیاں اُجڑ جاتی ہیں اور کتابوں کا مستقبل خطرے میں پڑ جاتا ہے۔ جب کبھی لمحے اور الفاظ آپس میں دوستی کر لیتے ہیں اور ایک دوسرے کی رفاقت کی اہمیت کو سمجھ لیتے ہیں تو زندگیاں بھی سنور جاتی ہیں اور کتابوں کے مستقبل بھی۔

"درد آشنا چہرے" اُن لوگوں کے چہرے ہیں، جن میں سے کچھ مجھ سے پہلے دنیا میں آئے اور مجھ سے پہلے چلے گئے۔ کچھ ایسے چہرے ہیں جو کچھ عرصہ میرے قریب رہے اور پھر مجھے چھوڑ گئے۔ کچھ چہرے ایسے بھی ہیں جو ابھی سلامت ہیں اور میرے ساتھ ہیں اور جن کی قربت پر مجھے ناز ہے۔ فن کار کوئی بھی ہو، چاہے وہ اپنے فن کی تکمیل میں قلم کا سہارا لیتا ہو یا برش کا سہارا لیتا ہو یا اپنی آواز کا سہارا لیتا ہو، ایک کامن

ڈی نامینیٹر جو اِن سب کی شخصیتوں میں رچا رہتا ہے، وہ "درد" ہے۔ ہندی کے مشہور قلم کار ہیرا نند سچدا نند اگیئے واستاین نے اپنے ایک ناول "ندی کے دویپ" میں یہ بات کہی تھی کہ "درد ہمیں مانجھتا ہے اور ایک اچھا انسان بننے میں ہماری سہایتا کرتا ہے"۔ وہ زندگیاں جو درد سے تہی ہیں، نامکمل اور بیکار ہیں۔ وہ شخصیتیں جو درد سے محروم ہیں وہ اُدھوری شخصیتیں ہیں۔ بھرپور شخصیت کے لیے درد کا وجود بہت ضروری ہے۔ جن فن کاروں کو میں نے اس کتاب میں شامل کیا ہے وہ سب اس بات کے گواہ ہیں کہ درد بہت عظیم شے ہے۔ فیض احمد فیضؔ نے اس خیال کا اظہار ان چند مصرعوں میں اپنی نظم "ملاقات" میں کیا ہے:

یہ رات اُس درد کا شجر ہے
جو مجھ سے تجھ سے عظیم تر ہے
عظیم تر ہے کہ اُس کی شاخوں
میں لاکھ مشعل بکف ستاروں
کے کارواں، گِھر کے کھو گئے ہیں
ہزار مہتاب، اس کے سائے
میں اپنا سب نُور، رو گئے ہیں
یہ رات اُس درد کا شجر ہے
جو مجھ سے تجھ سے عظیم تر ہے

درد گھنی چھاؤں والا ایک درخت ہے، جو سب کو اپنی چھاؤں میں پناہ دے کر انھیں زندگی کے لق و دق صحرا میں لہراتے تند بگولوں کی تپش سے بچاتا ہے۔ یہ میرا ذاتی نظریہ ہے، یہ ضروری نہیں کہ آپ بھی اس سے متفق ہوں۔

کشمیری لال ذاکر

۳۶۷، سیکٹر ۴۴ اے
چنڈی گڑھ۔

بچے کی معصومیت والا شاعر
علامہ اقبال

یہ ایک رواج سا ہو گیا ہے کہ جب کسی عظیم شخصیت کا کہیں ذکر آئے تو ایک عام آدمی اُس شخصیت سے اپنا کوئی نہ کوئی رشتہ جوڑنے کی ترکیبیں نکالنے لگتا ہے۔ میرا یہ مختصر سا مضمون بھی ایسی ہی ایک معمولی سی کوشش ہے۔

علامہ اقبال سے میرے تین رشتے ہیں۔ میں اُس زمانے کی بات کر رہا ہوں جب محمد اقبال ابھی علامہ اقبال نہیں بنے تھے۔

پہلا رشتہ یہ ہے کہ ہم دونوں کشمیری برہمن ہیں۔

دوسرا رشتہ یہ ہے کہ سیالکوٹ راجگانِ کشمیر کے زیرِ تسلط رہ چکا ہے۔

تیسرا رشتہ پرنس آف ویلز کالج جموں اور مرے کالج سیالکوٹ کے حوالے سے ہے۔

یہ وہی کالج ہے، جو پہلے مشن اسکول تھا جہاں محمد اقبال نے ۱۸۹۵ء میں ایف۔ اے کیا اور عربی میں نمایاں کامیابی کی بنا پر وظیفہ پایا۔

میں اپنی بات کا آغاز سیالکوٹ سے ہی کروں گا۔ میں نے ۱۹۳۸ء میں پرنس آف ویلز کالج جموں میں ایف۔ اے میں داخلہ لیا تھا۔ یہ وہی سال ہے جب علامہ اقبال کا انتقال ہوا تھا۔ یعنی علامہ اقبال سے میری ایک بھی ملاقات نہیں ہوئی لیکن میں اس کے شہر سیالکوٹ اور محلہ کشمیریاں میں اکثر آتا جاتا رہا ہوں۔ مرے کالج میں تو

چکر لگتے ہی رہتے تھے۔ پرنس آف ویلز کالج اور میرے کالج پنجاب یونیورسٹی کے ٹورنامینٹس میں اکثر فائنل میں آتے اور کبھی ایک کالج کی ٹیم اور کبھی دوسرے کالج کی ٹیم شیلڈ حاصل کرتی۔ دونوں کالجوں کی فٹ بال کی ٹیمیں بڑی مضبوط تھیں۔

میں کسی ٹیم میں تو نہیں تھا لیکن کالج اسٹوڈنٹس یونین کے سکریٹری کی حیثیت سے اپنے کالج کی ٹیم کے ساتھ ضرور جاتا تھا۔ ہماری ٹیم میں چودھری خوشی محمد ناظر کے دونوں لمبے تڑنگے بیٹے ہوتے تھے۔ ایک تو ٹیم کا کپتان تھا اور دوسرا گول کیپر، چودھری خوشی محمد ناظر ریاست جموں کشمیر میں ایک اعلیٰ عہدے پر مامور تھے اور مشہور نظم "جوگی" کے خالق تھے جو مرقع ادب میں شامل تھی اور اس کتاب کو پنجاب یونیورسٹی نے سلیبس میں منظور کر رکھا تھا۔ کسی زمانے میں سیالکوٹ کاغذ سازی کے لیے مشہور تھا۔ لیکن جس زمانے کا میں ذکر کر رہا ہوں اُس زمانے میں یہ شہر کھیلوں کے سامان کا مرکز بن چکا تھا۔

لیکن ۱۸۷۷ء کا سیالکوٹ تو ایک چھوٹا سا قصبہ تھا جہاں ہندوؤں اور مسلمانوں کے الگ الگ محلّے تھے۔ یہ وہی شہر ہے جس سے راجہ سالوان کے بیٹے پُورن اور راجہ رسالُو کی کہانیاں وابستہ ہیں۔ اب صورتِ حال کیا ہے یہ تو میں نہیں جانتا لیکن اس زمانے میں وہ کنواں موجود تھا جس میں پُورن کی سوتیلی ماں لُوناں نے اُس کے بازو کٹوا کر اُسے اس کنویں میں پھنکوا دیا تھا کیوں کہ پُورن نے اپنی نوجوان سوتیلی ماں کی جنسی ہوس کو پُورا کرنے سے انکار کر دیا تھا۔ پنجابی کے مشہور شاعر شِو کمار بٹالوی مرحوم نے اس واقعہ پر ایک پورا گرنتھ رچا ہے جس پر اُسے ساہتیہ اکادمی ایوارڈ دیا گیا تھا۔ سیالکوٹ سے میرا تعلق اس لیے بھی ہے کہ اثر صہبائیؔ اور ان کے بڑے بھائی امین حزیں سیالکوٹی، رہنے والے تو سیالکوٹ کے تھے، لیکن اُن کا قیام جموں ہی میں تھا۔ اس لیے اُن سے اکثر ملاقاتیں رہتی تھیں۔ اسلامی عہد میں سیالکوٹ کی قدر و منزلت آہستہ آہستہ بڑھتی گئی۔ محمود غزنوی بھی سیالکوٹ سے گذرا۔ یہ شہر پنجاب کا عارضی دارالخلافہ بھی رہ چکا ہے۔ سیالکوٹ کے ویران قلعے کی شہاب الدین غوری

نے مرمت بھی کروائی تھی۔ تیمور نے جب جموں فتح کیا تو سیالکوٹ بھی آیا تھا، دولت خاں لودھی نے سیالکوٹ ہی میں بابر سے ملاقات کی۔ اکبر کے عہد میں اسے سرکار کا درجہ حاصل ہُوا۔

جہانگیر کے عہدِ حکومت میں کاغذ کی صنعت نے خاص طور پر ترقی کی۔ شاہجہاں کا زمانہ آیا تو سیالکوٹ کی علمی سرگرمیاں انتہا کو پہنچ گئیں۔ سیالکوٹ کا شمار اسلامی دنیا کی عظیم درس گاہوں میں ہونے لگا۔ خواجہ معین الدین چشتیؒ بھی سیالکوٹ سے گذرے۔ خواجہ فرید شکر گنج کے صاحبزادے بدرالدین کا بھی اس شہر سے گذر ہوا۔

علمی، ادبی اور تاریخی روایات سے مالا مال اس شہر میں محمد اقبال ۹ نومبر ۱۸۷۷ء میں ایک صوفی بزرگ شیخ نور محمد کے گھر پیدا ہوئے۔ وہ اپنے والد کو میاں جی کہہ کر مخاطب کرتے تھے اور اُنھیں اپنا مُرشد تصور کرتے تھے۔ اپنے ایک خط میں اقبال نے لکھا ہے:

"سارا کتب خانہ ایک طرف۔ باپ کی نگاہِ حقیقت ایک طرف۔ جب کبھی موقع ملتا ہے۔ اُن کی خدمت میں حاضر ہو جاتا ہوں۔"

میاں جی نے ایک دن اُنھیں مولانا میر حسن کے مدرسے میں بھجوا دیا، جسے شاہ صاحب کا مکتب بھی کہا جاتا تھا۔ اُستاد اور شاگرد کا یہ رشتہ وقت کے ساتھ ساتھ مضبوط تر ہوتا گیا۔ محمد اقبال کے شوقِ علم کا یہ حال تھا کہ میر حسن کو شاگرد کی آمد کا انتظار رہتا۔ دیر ہو جاتی تو پوچھتے محمد اقبال کہاں ہے۔

محمد اقبال سے بڑھ کر شاید ہی کسی شاگرد نے اُستاد کی عزت کی ہو اور میر حسن سے بڑھ کر شاید ہی کسی اُستاد نے شاگرد کا خیال رکھا ہو۔

ایک روز گھر سے باہر کسی دُکان پر بیٹھے تھے کہ میر حسن کو آتے دیکھا۔ دیکھتے ہی تعظیماً اُٹھ کھڑے ہوئے مگر جلدی میں جوتا نہ پہن سکے۔ اب ایک پاؤں جوتے میں ہے اور دوسرا جہاں بیٹھے تھے وہیں۔ ایسی حالت میں گھر تک ساتھ گئے۔ واپس آکر دوسرا جوتا پہنا۔ لیکن اس تعظیم و تکریم، ادب و احترام کے باوجود اُستاد اور شاگرد میں کچھ ایسی مفاہمت

تھی کہ بے تکلفی نمک کی نوبت آجاتی۔ میر حسن بیٹھے ہیں محمد اقبال کا انتظار رہے کہ آئیں تو سبق شروع ہو۔ محمد اقبال آتے ہیں۔ میر حسن کہتے ہیں، اقبال دیر سے آئے ہو۔ وہ بے ساختہ جواب دیتے ہیں، اقبال دیر ہی سے آتا ہے۔ میر حسن جی ہی جی میں خوش ہو کر مسکرا کر خاموش ہو جاتے ہیں۔ ایک روز اُن کے گھر کا سودا لیے جا رہے تھے۔ میر حسن نے دیکھ لیا۔ روک کر کہنے لگے، میں نے تمھیں بارہا کہا ہے تم میرے شاگرد ہو نوکر نہیں ہو، یہ سودا کیوں لیے جا رہے ہو، محمد اقبال نے برجستہ جواب دیا، میں آپ کا شاگرد و نوکر ہوں۔ ایک طرف محمد اقبال کی عقیدت دوسری جانب میر حسن کی شفقت۔ محمد اقبال ہر بات میں میر حسن سے مشورہ کرتے اور میر حسن کا مشورہ فیصلہ کن ہوتا۔ ۱۹۲۸ء میں جب دردِ گُردہ نے اندیشہ ناک صورت اختیار کرلی اور ڈاکٹروں نے کہا آپریشن ناگزیر ہے تو محمد اقبال نے کہا بشرطیکہ شاہ صاحب کی رائے بھی یہی ہو۔ ڈاکٹر حیران کہ اس معاملے میں شاہ صاحب کی رائے کیوں؟ انھوں نے ہر چند اصرار کیا لیکن محمد اقبال اپنی بات پر قائم رہے۔ شاہ صاحب سے رائے لی گئی تو انھوں نے کہا کہ بہتر ہوگا محمد اقبال طِب سے رجوع کریں۔ محمد اقبال دہلی گئے۔ حکیم نابینا سے مشورہ کیا اور اُن کے علاج سے صحت یاب ہو گئے۔

ادھر میر حسن کی یہ کیفیت کہ بصارت سے محروم ہیں۔ ساری دنیا سمٹ کر چارپائی میں آگئی ہے لیکن محمد اقبال اتنے عزیز ہیں کہ ایک آدمی ہر روز اسٹیشن جاتا روزنامہ "انقلاب" لے آتا۔ غرض یہ تھی کہ شاگرد کی صحت کا حال معلوم ہوتا رہے۔

۱۹۲۸ء میں بیماری کی شدت بڑھ گئی تھی۔ انھی دنوں انجمن اسلامیہ سیالکوٹ نے اسلامیہ ہائی اسکول کی نئی عمارت تعمیر کی تو ہال کا نام میر حسن کے نام پر رکھا۔ رسم افتتاح حکومتِ پنجاب کے وزیرِ تعلیم نے ادا کی۔ محمد اقبال کو انجمن کی حکام پرستی پسند نہ آئی، ایک صحبت میں شکایت کی کہ انجمن نے میرے اُستاد کے نام پر ہال منسوب کیا مناسب تھا میں اس کا افتتاح کرتا اور لوگوں کو بتاتا کہ میر حسن کیا تھے۔

بہت دن ہوئے میں نے کہیں پڑھا تھا کہ ہر آدمی کے تحت الشعور میں ایک بچہ

زندہ رہتا ہے اور اُس کی تمام زندگی پر مختلف طریقوں اور زاویوں سے اثر انداز ہوتا رہتا ہے۔ اور اسی میں اُس کی شخصیت کے ارتقا کا راز پنہاں ہے۔ جس لمحہ، کسی داخلی یا خارجی وجہ سے وہ بچّہ مر جاتا ہے۔ آدمی کے ارتقا کا عمل ایک دم رُک جاتا ہے۔ اور اس کی زندگی ایک دم سپاٹ راہ گذر بن کر رہ جاتی ہے۔ جس پر علم و دانش رکھنے والا کوئی مسافر پھر گامزن نہیں ہوتا۔

مَیں یہ بھی سمجھتا ہوں کہ اقبال کی شاعری میں ہمیں جو تضاد ملتا ہے اور جو INCONSISTENCY نظر آتی ہے وہ ویسا ہی تضاد ہے اور ویسی ہی INCONSISTENCY ہے جو ایک بچّے کی پھول جیسی خوب صورت شخصیت کا حصّہ ہے۔ اقبال کی شاعری میں یہ تضاد اسی لیے ہے کہ اُس کے اندر چھپا بیٹھا بچّہ ابھی زندہ ہے اور اُس میں تجسّس کا جذبہ بڑی شدّت سے موجود ہے اور وہ ان سب رازوں کو جاننا چاہتا ہے جو گہرے پردوں کے پیچھے چھُپے پڑے ہیں۔ تضاد تو ارتقا کا سمبل ہے۔ تضاد نہ رہے گا تو انسانی زندگی میں ارتقا کا عمل ہی منقطع ہو جائے گا۔

یہ لمحہ لمحہ چونک اُٹھنے کی کیفیت۔ قدرت کے نظاروں کو دیکھنا اور حیرت زدہ ہو جانا۔ کسی سے جُدا ہونا تو رو پڑنا۔ کوئی انسانی رشتہ ٹوٹے تو دل گرفتہ ہو جانا۔ کسی بزرگ کو ڈھلتے ہوئے سورج کی طرح دیکھنا اور اپنی پلکیں گیلی کر لینا۔ یہ سب ایک معصوم بچّے ہی کی تو خصوصیات ہیں۔ اقبال کے اندر وہ بچّہ ابھی زندہ ہے۔ اسی لیے تو وہ اپنی والدہ کے انتقال پر رو دیا تھا اور کہا تھا:

کس کو اب ہوگا وطن میں آہ! میرا انتظار
کون میرا خط نہ آنے سے رہے گا بے قرار
خاکِ مرقد پر تری لے کر یہ فریاد آؤں گا
اب دعائے نیم شب میں کس کو میں یاد آؤں گا
عمر بھر میری محبّت میری خدمت گر رہی
مَیں تری خدمت کے قابل جب ہوا تو چل بسی

محمّد اقبال نے بچّوں کی نظمیں کسی کی فرمائش پر نہیں لکھیں۔ اُن کے اندر مچلتا ہوا بچّہ

انھیں مجبور کر رہا تھا کہ وہ اپنی سوچ، اپنی فکر اور اپنا علم اُس نئی نسل تک بھی پہنچائیں جو آنے والے دَور کے امانت دار ہیں۔ اُن سے کچھ ایسی باتیں کہیں جن سے اُن کے کردار میں نکھار آئے اور اُن کی سوچ کو اُستواری ملے۔

اِن نظموں کی تعداد زیادہ نہیں لیکن اُن کی وساطت سے جو پیغام اقبال نے بچّوں تک پہنچایا ہے وہ بڑا اہم اور عظیم ہے۔

"ایک پہاڑ اور گلہری" میں اقبال نے کہا ہے:

ہر ایک چیز سے پیدا خُدا کی قدرت ہے
کوئی بڑا، کوئی چھوٹا، یہ اس کی حکمت ہے
نہیں ہے چیز نکمّی کوئی زمانے میں
کوئی بُرا نہیں قدرت کے کارخانے میں

اب دیکھیے نظم "ایک گائے اور بکری" میں کیا کہا ہے:

آدمی سے کوئی بھلا نہ کرے
اس سے پالا پڑے، خُدا نہ کرے
دُودھ کم دوں تو بڑبڑاتا ہے
ہُوں جو دُبلی، تو بیچ کھاتا ہے
ہتھکنڈوں سے غلام کرتا ہے
کن فریبوں سے رام کرتا ہے
اُس کے بچّوں کو پالتی ہوں میں
دُودھ سے جان ڈالتی ہوں میں
بدلے نیکی کے یہ بُرائی ہے
میرے اللہ! تری دُہائی ہے

نظم "ہمدردی" میں بچّوں کے لیے پیغام سُنیے

جگنو، بلبل سے کہہ رہا ہے:

کیا غم ہے جو رات ہے اندھیری
میں راہ میں روشنی کروں گا
اللہ نے دی ہے مجھ کو مشعل
چمکا کے مجھ کو دیا بنایا

ہیں لوگ وہی جہاں میں اچھے
آتے ہیں جو کام دوسروں کے

"پرندے کی فریاد" میں ایک اسیرِ قفس کا درد ملاحظہ کریں۔ آزادی کیتنی بیش بہا نعمت ہے:

کیا بدنصیب ہوں میں گھر کو ترس رہا ہوں
ساتھی تو ہیں وطن میں، میں قید میں پڑا ہوں
آئی بہار، کلیاں پھولوں کی ہنس رہی ہیں
میں اس اندھیرے گھر میں، قسمت کو رو رہا ہوں

اِس قید کا الٰہی دُکھڑا کسے سُناؤں
ڈر ہے یہیں قفس میں میں غم سے مر نہ جاؤں

"ہندوستانی بچوں کا قومی گیت" نظم۔ وطنیت کے جذبے سے بھری ہے۔ بچوں کے لیے اس سے بڑا پیغام اور کیا ہو سکتا ہے:

چشتی نے جس زمیں میں پیغام حق سُنایا
نانک نے جس چمن میں وحدت کا گیت گایا
تاتاریوں نے جس کو اپنا وطن بنایا
جس نے حجازیوں سے دشتِ عرب چھڑایا

میرا وطن وہی ہے، میرا وطن وہی ہے

اور پھر "ترانۂ ہندی"! اس نظم سے بڑھ کر تو کوئی نظم نہیں ہے۔ بچے اِس ترانے کو کتنے پیار اور شردھا سے گاتے ہیں یہ تو آپ اکثر دیکھتے ہیں۔ اقبال نے ہمیں یہ ترانہ

دے کر ہماری روایات کے ورثے کو کتنا قیمتی کر دیا ہے:

یونان و مصر روما سب مٹ گئے جہاں سے
اب تک مگر ہے باقی نام و نشاں ہمارا
کچھ بات ہے کہ ہستی مٹتی نہیں ہماری
صدیوں رہا ہے دشمن، دورِ زماں ہمارا
اقبال کوئی محرم اپنا نہیں جہاں میں
معلوم کیا کسی کو دردِ نہاں ہمارا

اب ذرا "بچوں کی دعا" کو بھی سنیے۔ کیا اس سے بہتر کوئی اور دعا ہو سکتی ہے؟

لب پہ آتی ہے دعا بن کے تمنا میری
زندگی شمع کی صورت ہو خدایا میری
دُور دنیا کا مرے دم سے اندھیرا ہو جائے
ہر جگہ میرے چمکنے سے اُجالا ہو جائے
ہو مرے دم سے یونہی میرے وطن کی زینت
جس طرح پھول سے ہوتی ہے چمن کی زینت
میرے اللہ برائی سے بچانا مجھ کو
نیک جو راہ ہو اُس رہ پہ چلانا مجھ کو

میں جب علامہ اقبال کی شاعری کے بارے میں سوچتا ہوں تو مجھے لگتا ہے کہ اس شخص کے تحت الشعور میں چھپ کر بیٹھا بچہ اُس کی زندگی کے آخری لمحوں تک زندہ رہا اور پل بھر کے لیے بھی زندگی کی حرارت سے محروم نہ ہوا۔ شاید یہی ایک سبب تھا کہ "بالِ جبریل" میں اقبال نے ایک بچے کے تجسس اور ایمانداری سے یہ شعر کہا:

تُو ہے محیطِ بے کراں، میں ہوں ذرا سی آب جُو
یا مجھے ہم کنار کر یا مجھے بے کنار کر

اُردو ادب کا درونا آچاریہ
مولانا شبلی

بعض لوگ ایسے ہوتے ہیں، جنھیں ان کی زندگی میں ہی کنٹروورشیل سمجھا جاتا ہے اور ان کی زندگی کے بعد بھی یہ مسئلہ قائم رہتا ہے۔ اُردو ادب میں ایسی ایک شخصیت مولانا شبلی ہیں۔ سچ مانیے تو میں مولانا شبلی کی ہمہ جہت شخصیت سے زیادہ واقف نہیں تھا۔ آج جب ڈاکٹر خلیق انجم نے مجھے یہ حکم دیا کہ میں انجمن ترقی اُردو (ہند) کے اس سیمنار میں مولانا شبلی پر ایک مقالہ پیش کروں تو میں نے انھیں صاف طور پر یہ بات کہی کہ مجھے مولانا شبلی کی کانٹری بیوشن کے بارے میں زیادہ علم نہیں۔ اگر وہ مجھے مولانا کی کچھ تصنیفات یا ان کے بارے میں لکھی گئی کچھ کتابیں مُہیا کرا سکیں تو میں، مولانا شبلی کے بارے میں ایک مختصر سا مقالہ پیش کرنے کی کوشش کروں گا۔ خلیق انجم صاحب کے معشوقانہ وعدوں پر یقین کرتے ہوئے، میں نے ان کا دعوت نامہ قبول کر لیا اور مقالہ لکھنے کی حامی بھر لی۔ لیکن خلیق صاحب کی بھیجی ہوئی کتابیں مجھے صرف تین دن پہلے ملیں اور یہ مختصر سا اچھا، بُرا مقالہ آپ کے سامنے ہے۔ اس کی بُرائی میرے نام اور اچھائی خلیق انجم صاحب کے نام۔

پہلے تو میں یہی نہیں جان سکا کہ شبلی صاحب کے والد شیخ حبیب اللہ نے اپنے بیٹے کا نام شبلی کیوں رکھا۔ شبلی کے معنی ہیں شیر کا بچہ۔ جب میں نے مولانا شبلی کی ہمہ جہت شخصیت کو جاننے کی کوشش میں، کچھ پڑھا تو معلوم ہوا کہ "شیر کا بچہ" بڑا ہو کر واقعی

شیر بنا تھا۔ اور آخیر وقت تک شیر کی طرح اپنے ماحول اور اپنے سماج کے خلاف لڑتا رہا۔ ۱۹۰۷ء میں جب مولانا اعظم گڑھ آئے تو انھوں نے اپنے بیٹے محمد حامد صاحب کی چھرّوں کی کارتوس سے بھری ہوئی بندوق کو ایک جگہ سے اٹھوا کر دوسری جگہ رکھوانا چاہا اور اس عمل میں بندوق سر ہو گئی۔ اس میں ان کا ایک پیر اتنا زخمی ہوا، کہ اسے کاٹ دینا پڑا اور مولانا آخری عمر تک لکڑی کے مصنوعی پیر سے چلتے رہے۔ یہ شیر کا بچہ سات سال تک اپاہج ہونے کے باوجود گولی کھائے ہوئے شیر کی طرح دہاڑتا رہا اور اپنے سنگھرش میں مصروف رہا۔ ۱۸ ر نومبر ۱۹۱۴ء میں جب مولانا کا انتقال ہوا تو اس زمانے میں پہلی عالمگیر جنگ کا آغاز ہو چکا تھا۔ یعنی شیر جب اپنی کچھار سے رخصت ہوا تو دنیا بھر میں جنگ چھڑ چکی تھی۔ موت سے نو دن پہلے کے ایک واقعہ کا ذکر سید سلیمان ندوی نے "حیاتِ شبلی" کے صفحہ ۲۴، پر اس طرح کیا ہے۔

> "لیکن آہ! جب ۱۵ ر نومبر کی شام کو مَیں پہنچا تو طاقت جواب دے چکی تھی۔ مَیں سرہانے کھڑا تھا۔ میری آنکھوں سے آنسو جاری تھے۔ مولانا نے آنکھیں کھول کر حسرت سے میری طرف دیکھا، اور دونوں ہاتھوں سے اشارہ کیا کہ "اب کیا رہا!" پھر زبان سے دوبارہ فرمایا "اب کیا اب کیا!" لوگوں نے پانی میں جواہر مہرہ گھول کر ایک چمچہ پلا دیا تو جسم میں ایک فوری طاقت آگئی تو معاہدہ کے طور پر میرا ہاتھ اپنے ہاتھ میں لے کر فرمایا "سیرت میری تمام عمر کی کمائی ہے۔ سب کام چھوڑ کے سیرت تیار کر دو!" مَیں نے بھرّائی ہوئی آواز میں کہا "ضرور! ضرور!!"

"سیرت النبیؐ" مولانا کی آخری کتاب تھی۔ اس کے شائع نہ ہو سکنے کا انھیں آخری دم تک افسوس رہا۔

مولانا شبلی کی پیدائش اُتر پردیش کے ضلع اعظم گڑھ کے ایک گاؤں بندول میں مئی ۱۸۵۷ء میں اس دن ہوئی جب اعظم گڑھ کے لوگ اپنی پہلی جنگِ آزادی کے آغاز میں، ضلع جیل کے پھاٹک کو توڑ کر بہت سے قیدیوں کو نکال کر لے گئے۔ گویا

شیر کے بچّے نے پیدا ہوتے ہی ناانصافی اور غلامی کے خلاف مستقبل کی جد و جہد کی پیشین گوئی کروادی تھی۔ مولانا شبلی کی ایک بات جو مجھے سب سے زیادہ اچھی لگی، وہ تھی اپنی ذات کو باعظمت رکھنے کی تمنا۔ مولانا کے والد، جو خود ایک اچھے وکیل تھے، چاہتے تھے کہ ان کا بیٹا بھی وکیل بنے۔ ان کی کوشش کے باوجود بیٹے نے وہ راہ اختیار نہ کی جس پر اس کے والد اسے چلانا چاہتے تھے۔ شبلی وکیل تو نہیں بنے، لیکن ان کے والد شیخ حبیب اللہ نے انھیں کلکٹری میں نقل نویس کی ملازمت دلا دی، جس کی تنخواہ ۱۰ روپے ماہوار تھی۔ شبلی کو یہ گوارہ نہ تھا کہ وہ اپنے گھر سے دفتر تک پیدل جائے، اس لیے وہ ساری تنخواہ دفتر آنے جانے میں خرچ کر دیتا۔ اس سے ظاہر ہوتا ہے کہ شبلی کو اپنی ذات کو باعظمت رکھنے کا شروع سے ہی خیال تھا، مولانا آخری وقت تک باعظمت رہے۔ وہ لکھنے کے لیے موضوع بھی باعظمت منتخب کرتے، جس سے ان کا اندازِ بیان بھی باعظمت ہو جاتا۔ مولانا سیّد سلیمان ندوی نے اپنے استاد کے بارے میں اس رائے کا اظہار یوں کیا ہے:

> "مولانا شبلی قدیم و جدید عہد کے ایسے سنگم تھے جس میں دونوں دریاؤں کے دھارے آکر مل گئے تھے، وہ ہمارے قدیم مذہبی علوم کے عالم بھی تھے اور جدید علوم کے بہت سے آرا و خیالات سے واقف بھی تھے۔ ساتھ ہی محقق بھی تھے، مورّخ بھی تھے، مفکّر بھی تھے، شاعر بھی تھے، ماہرِ تعلیم بھی تھے اور نئے زمانے کے تقاضے اور مطالبے کے مقابلے میں بہت سی باتوں میں انقلابی بھی تھے۔"

مولانا ایک ہمہ جہت شخصیت کے مالک تھے۔ وہ انشا پرداز بھی تھے، مورّخ بھی تھے، ناقد بھی تھے، فلسفی بھی تھے، عالم مذہبیات بھی تھے اور شاعر بھی تھے۔ ایک شخص کا تخلیق کے اتنے پہلوؤں کو اپنی گرفت میں لینا، اپنے آپ میں ایک بہت بڑا کمال ہے۔

بحیثیتِ انشاپرداز:۔ سر سیّد احمد خاں نے مولانا کی نثر نگاری کے متعلق

بڑے خوب صورت الفاظ کہے ہیں:

"اگر ایک مضمون کو دس شخص بھی لکھیں تو مولانا شبلی کی تحریر نرالی ہوگی۔"

"مولانا کے مضامین میں ادبی اور انشا پردازانہ رنگ کے ساتھ وسعت نظر، جستجو اور نامعلوم گوشوں سے اہم نتائج کے استنباط کا وہی ثبوت ملتا ہے، جو یورپ کے بڑے بڑے محققین دے رہے ہیں۔ اس سے اُردو زبان میں بڑا تحقیقی رنگ پیدا ہوا۔ ان مضامین سے یہ بھی اندازہ ہوا کہ مولانا کو جہاں اپنے ماضی کی روایات پر فخر تھا وہاں وہ حال کے تقاضے کو نظر انداز کرنا بھی پسند نہیں کرتے تھے۔ ان کو یہی فکر رہی، کہ قدیم اور جدید راہیں کہاں جاکر مل سکتی ہیں، اس لیے جہاں وہ مذہبی جوش پیدا کرتے، وہاں علوم جدیدہ کی بھی ترغیب دیتے تاکہ اسلامی علوم کی میناکاریاں اور نقش آرائیاں ہوسکیں، انھوں نے اپنے ان مضامین کے ذریعہ سے اُردو زبان کو میناکار ہار پہنایا، اس سے اُردو زبان، عربی اور فارسی زبان کے ہم پلّہ بھی ہوگئیں۔"

مولانا شبلی کے بارے میں یہ بھی کہا جاتا ہے کہ وہ مزاج کے اعتبار سے حسن پرست تھے۔ اس لیے مجھے اس میں کوئی بُرائی نظر نہیں آتی کہ مولانا نے عطیہ فیضی سے عشق کیا۔ بقول فیض احمد فیضؔ "شاعر یا تو عشق کرتا ہے یا اپنے دل کو جلاتا ہے۔" شبلی نے دونوں کام کیے۔ یہی دونوں کام علامہ اقبال نے بھی تو کیے تھے۔ دونوں شاعر عطیہ فیضی کو خط لکھتے تھے۔ میں یہاں اقبال کے خطوں کا تو ذکر نہیں کروں گا، لیکن مولانا شبلی کے ایک خط کا ضرور ذکر کرنا چاہوں گا جو انھوں نے عطیہ کو اپنی جھلاہٹ کے اظہار میں لکھا۔ "تم نے میرے سوالوں کا جواب نہیں دیا۔ میری اور مسٹر اقبال کی تعریف میں خط پورا کردیا۔" یوں سمجھیے کہ شبلی اور اقبال دونوں رقیب بھی تھے، لیکن ان کا کارنامہ یہ ہے کہ محبت کی ناکامی نے انھیں ماضی کا عاشق بنادیا۔ اور

وہ مسلمانوں کے ماضی کو ہی خوب صورت اور تابناک بنانے کی کوشش میں لگے رہے۔ انھوں نے تاریخ نویسی کے لیے دو باتیں لازمی قرار دیں:

۱۔ یہ کہ جس عہد کا حال لکھا جائے، اس زمانے کے ہر قسم کے واقعات درج کیے جائیں، یعنی تمدّن، معاشرت، اخلاق، عادات، مذہب ہر چیز کے متعلق معلومات کا سرمایہ مہیا کیا جائے۔

۲۔ یہ کہ تمام واقعات میں سبب اور مسبّب کا سلسلہ تلاش کیا جائے۔

بحیثیت مورّخ:-

مولانا تاریخ اور انشاپردازی کی نزاکتوں کو پہچانتے تھے اس سلسلے میں ان کی اپنی رائے بہت صاف ہے:

"مورّخ کا اصلی فرض یہ ہے کہ وہ سادہ واقعہ نگاری کی حد سے تجاوز نہ کرنے پائے، یورپ میں آج کل جو بڑا مورّخ گزرا ہے اور جو طرز حال کا موجد ہے، وہ رینکے (RENKEY) ہے۔ اس کی تعریف ایک پروفیسر نے ان الفاظ میں کی ہے " اس نے تاریخ میں شاعری سے کام نہیں لیا۔ وہ نہ ملک کا ہمدرد بنا نہ مذہب اور قوم کا طرفدار ہوا۔ کسی واقعہ کے بیان کرنے میں مطلق، پتہ نہیں لگتا کہ وہ کن باتوں سے خوش ہوتا ہے اور اس کا ذاتی اعتقاد کیا ہے"۔

یہ مانتے ہوئے بھی کہ مولانا شبلی نے بحیثیت مورّخ کے بہت اچھا کام کیا لیکن پھر بھی بقول ضیاالحسن فاروقی وہ اس میں اس حد تک کامیاب نہیں ہوئے جس حد تک انھیں کامیاب ہونا چاہیے تھا۔

بحیثیت شاعر:

مولانا کو ایک شاعر کی حیثیت سے بھی پہچانا جاتا ہے۔ ان کے شاگرد مولانا سید سلیمان ندوی نے ان کے اردو کلام کا مجموعہ "کلیاتِ شبلی" کے نام سے مرتب کیا۔

شروع کے دور میں وہ تسنیم تخلص کرتے تھے۔ میں سمجھتا ہوں کہ ان کی شاعری کی بنیاد مولانا کی حسن پرستی تھی۔ ان کے شروع کے دو تین شعر سنیے:

تیس دن کے لیے ترک مے و ساقی کرلوں
واعظِ سادہ کو روزوں میں تو راضی کرلوں

یار کو رغبتِ اغیار نہ ہونے پائے
گلِ تر کو ہوسِ خار نہ ہونے پائے

لیکن ان کی فارسی شاعری اُردو شاعری سے بہتر تھی۔ ڈپٹی نذیر احمد نے ان کو یہ کہہ کر داد دی:

تم اپنی نثر کو اور نظم کو چھوڑو نذیر احمد
کہ اس کے واسطے موزوں ہیں حالی اور نعمانی

ان کی ایک مثنوی "صبحِ اُمید" بہت مشہور ہے۔ دو شعر ملاحظہ فرمائیے:

اسلاف کے وہ اثر ہیں اب بھی
اس راکھ میں کچھ شرر ہیں اب بھی

اس جام میں ہے شراب باقی
اب تک ہے گہر میں آب باقی

مسدس لکھنے پر مولانا کو بڑا عبور حاصل تھا۔ جب وہ ترنم سے پڑھتے تو سننے والوں کو رُلا دیتے۔

انھوں نے اُردو میں مثنوی، قصائد، مسدس، اخلاقی، مذہبی، تاریخی اور سیاسی نظمیں لکھیں، مگر وہ زیادہ نہیں ہیں۔ ان کی "کلیاتِ شبلی اُردو" حجم ۱۱۶ صفحات سے زیادہ نہیں۔

ان کی فارسی غزلیں اُردو غزلوں سے بہتر ہیں۔ انھوں نے اپنی فارسی غزلوں کا

مجموعہ "دستِ گُل" کے نام سے شائع کیا۔ اس کتاب کی ضخامت صرف ۲۶ صفحے ہے۔ بعد میں غزلوں کے دو مجموعے چھپے جن کے نام "بُوئے گُل" اور "برگِ گُل" ہیں اور دونوں کی ضخامت صرف ۲۵ صفحات پر مشتمل ہے۔ مولانا کی اُردو شاعری سے متعلق مولانا سید سلیمان ندوی کی یہ رائے قابلِ غور ہے:

"مولانا شبلی کی اُردو شاعری خود رو پودا ہے، نہ انھوں نے اس میں کسی سے اصلاح لی، نہ جم کر اُردو کی شاعری کی، اور نہ کبھی اُردو شاعری کو عزت اور شہرت کا ذریعہ سمجھا۔"

بحیثیت نقاد:

مولانا نے "میر انیس اور مرزا دبیر کا موازنہ" لکھ کر ایک ناقد کی حیثیت سے اپنے لیے ایک بہت اُونچا مقام حاصل کر لیا۔ یہ اور بات ہے کہ اپنے اس موازنہ میں میر انیس کو مرزا دبیر سے اُونچا مرثیہ نگار قرار دیا۔ مولانا کی کتاب "انتخابِ شبلی" میں جن موضوعات پر انھوں نے روشنی ڈالی ان میں شاعری کی حقیقت، فصاحت، بلاغت اور تخیل سے متعلق اتنی اچھی باتیں کہی ہیں کہ اُردو ادب سے دلچسپی رکھنے والا مجھ جیسا ایک عام آدمی بھی بےحد متاثر ہوتا ہے۔ "موازنہ انیس و دبیر" کو پڑھتے ہوئے دبیر کے مرثیہ کا یہ شعر مجھے بے حد اچھا لگا:

سن ہے جو کم تو پیاس کا صدمہ زیادہ ہے
مظلوم خود ہے اور یہ مظلوم زادہ ہے

مولانا کے خطبات، جو انھوں نے مختلف جلسوں میں پڑھے "خطباتِ شبلی" میں شامل کیے گئے ہیں۔ میرے پاس چونکہ وقت کم تھا اس لیے میں ان کے خطبات کو تو نہیں پڑھ سکا۔ لیکن عبدالاسلام ندوی کے مطابق "مولانا کبھی خود تقریر لکھ کر نہیں کرتے تھے۔ مختصر نویسوں نے یا دوسرے لوگوں نے ہی ان کی تقریریں لکھی ہیں"۔ میں یہ سمجھتا ہوں کہ تقریریں کرنا بڑا مشکل کام ہے اور بہت ہی کم لوگ اس آزمائش میں پورے اُترتے ہیں۔

بحیثیت فلسفی :

مولانا فلسفیانہ مضامین بھی لکھتے تھے لیکن ان مضامین میں بھی وہ عبارت کی ہمواری اور سلاست کو قربان نہ کرتے۔ ان کا قلم اسی رفتار سے چلتا جس طرح کسی فلسفی کا چلنا چاہیے۔ مولانا نے جو کچھ بھی لکھا اس میں ادبی شان کو برقرار رکھا اور ہمیشہ اس بات کا خیال رکھا کہ ان کا اندازِ بیان باعظمت ہو۔ جیسا میں نے پہلے عرض کیا ہے۔ انھیں باعظمت رہنے کا احساس لڑکپن ہی سے تھا اور انھوں نے اس احساس کو آخری دَم تک کُند نہیں ہونے دیا۔

بحیثیت عالم :

مولانا کی بحیثیت عالم کے اتنی شہرت بڑھی کہ ۱۸۹۴ء میں حکومت ہند نے انھیں شمس العلماء کے خطاب سے سرفراز کیا۔ مولانا کی عمر اس وقت صرف ۳۵ سال تھی۔ علی گڑھ کالج میں ایک بڑا جلسہ ہوا، جس میں اسٹاف اور طلبا کے علاوہ سر سید، سید محمود، نواب محسن الملک، مولانا حالی، پروفیسر آرنولڈ اور کئی اور قابل قدر لوگ شریک ہوئے۔ اس جلسے کی صدارت نواب محسن الملک نے کی، انھوں نے اس موقع پر جو تقریر کی اس کا اقتباس مندرجۂ ذیل ہے:

> "میں نے مولانا کی تصنیف و تالیف اور تقریر و تحریر سے بڑے فائدے حاصل کیے ہیں۔ کوئی روز ایسا نہیں ہوتا کہ ان کی صحبت میں کسی نہ کسی قسم کا علمی فائدہ مجھ کو نہیں ہوتا، مجھے اپنی گورنمنٹ کو مبارکباد دینی چاہیے، جس نے ایسے مستحق شخص کو خطاب دینے سے دراصل اس خطاب کو عزت بخشی، جو ہمارے مولانا کو اس نے دیا ہے۔ اس کے بعد قوم اس مبارکباد کی مستحق ہے، کہ اس میں ایسے لوگ بھی موجود ہیں جو درحقیقت علم کے آفتاب ہیں، اور جن کو شمس العلما کہنا ایک امرِ واقعی ہے، پھر مدرسۃ العلوم کو مبارکباد دینا چاہیئے، کہ اس میں ایسے قابل استاد جمع ہیں، جن کو گورنمنٹ ایسے معزز خطاب کا مستحق سمجھتی ہے۔ مولانا شبلی سے جن کو ملنے

کی عزت حاصل ہو وہ ان کی صفات کا اندازہ کر سکتے ہیں کہ ان کی نظر کیسی غائر، ان کا علم کتنا وسیع، ان کا بیان کیسا صاف اور ان کی تحقیق کیسی عالمانہ ہے۔ وہ ہمارے سامنے کے پہلے مصنف ہیں جنھوں نے اپنی تالیف میں فصاحتِ بیان اور سلاست عبارت کے ساتھ اعتدال، بے تعصبی اور انصاف کا لحاظ رکھا، ان کے شاعرانہ خیالات، ایشیائی مذاق کے مطابق مبالغہ، استعارہ، عبارت آرائی اور تصنع سے خالی ہیں لیکن بلاغت سے بھرے ہوئے ہیں، انھوں نے فلسفیانہ طرز پر سوانح عمری لکھنے کا طریقہ جاری کیا تاریخی واقعات کی تحقیق کرنے اور واقعات پر محققانہ رائے دینے، نتائج کے اسباب بیان کرنے اور اخبار و روایات کے صدق و کذب کو دریافت کرنے کا راستہ بتایا، انھوں نے ہمارے مُردہ لٹریچر بلکہ ہمارے مردہ خیالات میں ایک نئی جان ڈالی ہے۔"

مولانا شبلی کو عام لوگوں تک پہنچانے اور ان کا ادبی مرتبہ متعین کرانے میں ان کے شاگرد مولانا سید سلیمان ندوی نے قابلِ قدر رول ادا کیا۔ مولانا کی وفات کے بعد مولانا سید سلیمان ندوی نے ان کے مقالات کو آٹھ جلدوں میں، خطبات کو ایک جلد میں مکاتیب کو دو جلدوں میں، فارسی کے کلام کو "کلیاتِ شبلی" (فارسی) اور اردو کلام کو "کلیاتِ شبلی" (اردو) کے نام سے ایک ایک جلد میں شائع کیا اور پھر ۸۵۰ صفحات کی "حیاتِ شبلی" لکھ کر اپنا حقِ شاگردی ادا کیا۔

ڈاکٹر خورشید الاسلام کے یہ الفاظ مولانا شبلی کی ادبی شخصیت کو بہت بلند کرتے ہیں:

"وہ انشا پرداز تھے، اگر انشا پرداز نہ ہوتے تو مصور ہوتے، ان کا علم ان کی بصیرت، ان کی پرواز فرشتوں سے لاگ نہیں کھاتی۔ یہی ان کی سب سے بڑی خوبی ہے۔ اگر وہ فرشتہ ہوتے تو ان کی سوانح عمری بہت مختصر ہوتی۔"

مولانا شبلی نعمانی! آپ ہماری تہذیبی میراث کے درونا آچاریہ ہیں اور ہمیں آپ پر

نئی صبحوں کا سفیر
حالی پانی پتی

ہریانہ میں پانی پت کی سرزمین کو ہندوستان میں بڑا اہم مقام حاصل ہے۔ کیوں کہ اس میدان میں وہ جنگیں لڑی گئیں جنھوں نے ہندوستان کی تاریخ کو بدل کر رکھ دیا۔ اس سرزمین نے مادرِ وطن کی ایک ایسی شخصیت کو بھی جنم دیا جس نے ہندوستانی شاعری اور ہندوستانی ادب کے میدان میں اپنے جھنڈے گاڑے اور اسے ایک زبردست انقلاب سے روشناس کرایا۔ پانی پت کا یہ فرزند شمس العلما خواجہ الطاف حسین حالی تھا۔

ہریانہ کے اس قابلِ قدر سپوت کے یومِ ولادت پر صد سالہ جشن اکتوبر ۱۹۲۵ء کے آخری ہفتہ میں زیرِ صدارت ہز ہائینس نواب حمید اللہ خاں والئی بھوپال، اسی قصبہ میں منایا گیا۔ اس جشن کے موقع پر ڈاکٹر ذاکر حسین، جو اس زمانے میں علی گڑھ مسلم یونی ورسٹی کے وائس چانسلر تھے، تشریف لائے تھے اور ان کے ساتھ دانشوروں، ادیبوں اور شاعروں کا بھرپور قافلہ تھا۔ نواب صاحب بھوپال نے استقبالیہ کمیٹی جشنِ حالی کے سپاسنامہ کے جواب میں جو تقریر کی، اس کے اقتباس سے حالی کی قدر و منزلت کا اندازہ بخوبی ہو سکتا ہے۔ انھوں نے فرمایا:

"مجھے اس بات کی بہت خوشی ہے کہ حالی کی صد سالہ سال گرہ کے جلسہ کی استقبالیہ کمیٹی نے اس تقریب میں دعوت دے کر میرے لیے، آپ کے اس قدیم اور تاریخی شہر میں آنے کا موقع مہیا کر دیا، جس کی سرزمین پر بارہا ہندوستان

کی قسمت کا فیصلہ ہوا ہے اور جس کی گزشتہ صدی کی سب سے بڑی خصوصیت اور فضیلت یہ ہے کہ وہ مولانا حالی کا مولد و مدفن ہے۔ اسی واسطے جب مجھے اس جلسہ کی صدارت کے لیے مدعو کیا گیا تو میں نے محسوس کیا کہ یہ ایک ایسے شخص کی یادگار میں منعقد ہو رہا ہے جو کسی ایک خطے یا طبقے سے تعلق نہیں رکھتا تھا، بلکہ جس کی ذات پر ہر زمانہ اور ہر ملک فخر کر سکتا ہے۔"

اس میں کوئی شک نہیں کہ حالی کے احسانات شاعری کی بہ نسبت اُردو نثر پر کہیں زیادہ ہیں۔ ادبی حیثیت اور فن کے لحاظ سے حالی کی نظموں کے مقابلہ میں ان کے علمی مضامین اور تصنیفات کا درجہ بہت اُونچا ہے۔ ان کی نثری تصنیفات نے اُردو ادیبوں کے سامنے ایک نیا راستہ کھول دیا۔ اس کے لیے نہ صرف اس زمانے کے لوگ بلکہ آئندہ نسلیں بھی حالی کی احسان مند رہیں گی۔ اردو ادب میں حالی نیچرل شاعری کے بانی ہیں۔ اُردو ادب کو یہ ان کی بہت بڑی دین ہے۔

حالی ۱۸۳۷ء میں پیدا ہوئے اور جب ۱۸۵۷ء کا غدر ہوا اس وقت ان کی عمر صرف بیس۲۰ برس کی تھی۔ انھوں نے دیکھا کہ کس طرح مغلیہ سلطنت برباد ہوئی تھی اور متوسط طبقے کے دل و دماغ مفلوج ہو کر رہ گئے تھے۔ آزادی کی ایک زوردار لہر اُٹھی تھی اور پانی کگاروں سے ٹکرایا تھا۔ کگارے تیز رفتار پانی میں ڈوبے ضرور تھے لیکن گرے نہیں تھے۔ انگریزی سامراج جڑیں پکڑ رہا تھا۔ حالی کے ذہن میں ایک عجیب انتشار کی سی کیفیت تھی جو کسی بھی حساس انسان کی ہو سکتی ہے۔ اُردو ادب کی تاریخ میں پہلی بار اجتماعی زندگی کا تصور اُبھرا تھا اور اس دَور میں اس کی نمائندگی حالی نے کی تھی۔ اس لیے اگر ہم یہ کہیں کہ ادب میں ترقی پسندی کی تحریک حالی سے شروع ہوئی تو یہ غلط نہ ہوگا۔ اُردو ادب کی تاریخ میں حالی پہلا شاعر ہے جس نے غزل کو سماجی اور اجتماعی زندگی کے شعور کو نکھارنے کے لیے کام میں لایا۔ حالی کی غزل درباری ماحول اور جاگیردارانہ نظام کی قدروں کو خیر باد کہہ کر نئی راہوں کی تلاش میں نکل پڑی:

حالی بھی پڑھنے آئے تھے کچھ شعر بزم میں
باری تب آئی ان کی کہ گُل ہوگئے چراغ

پُرانی قدروں کے چراغ گُل ہو گئے تھے۔ ایک مرتے ہوئے نظام کی رات گذر چکی تھی۔ سویرا ہونے والا تھا۔ وہ سویرا۔ نئی نسل کے لیے کیا لائے گا اس کا کسی کو علم نہیں تھا۔ لیکن یہی کیا کم تھا کہ صبح ہونے والی تھی۔ سورج طلوع ہوگا تو اس کی روشنی تو پھیلے گی ہی۔ اسے تو کسی بھی رات کا اندھیرا نہیں روک سکتا۔ لیکن تذبذب کا یہ احساس بڑا اذیت ناک تھا۔ اس شخص کے لیے تو یہ احساس اور بھی اذیت ناک ہوجاتا ہے جو بڑے ولولے سے کچھ کرنا چاہے لیکن دھیرے دھیرے اسے یہ معلوم ہونے لگے کہ وہ بے بس اور مجبور ہے، کچھ نہیں کر سکے گا۔ بے بسی اور مجبوری کی یہ کسک ہمیں حالی کی تصنیفات میں بڑی شدت سے ملتی ہے۔ اُردو کے کسی دوسرے غزل گو شاعر کے کلام میں بے بسی کا اس نوعیت کا تند اور شدید احساس نہیں ملتا جس طرح کہ حالی کی غزلوں میں ملتا ہے۔ حالی کے دل و دماغ میں ایک چبھن اور ایک کھٹک تھی کہ اس بکھرے ہوئے معاشرے کے لیے کچھ کرنا چاہیے۔ لیکن ان کے ذہن میں کوئی واضح تصور نہ تھا کہ کونسا راستہ اختیار کیا جائے۔ ان کے اپنے ہی الفاظ جو انھوں نے "مسدس حالی" کے دیباچہ میں ایک جگہ لکھے ہیں ان کی اس ذہنی کیفیت کی غمازی کرتے ہیں:

"البتہ شاعری کی بدولت چند روز جھوٹا عاشق بننا پڑا۔ ایک خیالی معشوق کی چاہ میں برسوں دشتِ جنوں کی وہ خاک اُڑائی کہ قیس و فرہاد کو گرد کر دیا۔ جب رشک کا تلاطم ہوا تو ساری خدائی کو رقیب سمجھا۔ بادہ نوشی پر آئے تو خُم کے خُم لنڈھا دیے اور پھر بھی سیر نہ ہوئے۔ کفر سے مانوس رہے۔ ایمان سے بے قرار رہے۔ کعبہ و مسجد کی توہین کی۔ خدا سے شوخیاں کیں۔ نبیوں سے گستاخیاں۔ بیس برس کی عمر سے چالیس سال تک تیلی کے بیل کی طرح اسی ایک چکر میں پھرتے رہے اور اپنے نزدیک سارا جہان طے کر چکے۔ جب آنکھیں کھلیں تو معلوم ہوا کہ جہاں سے چلے تھے

اب تک وہیں ہیں"۔

حالی شروع شروع میں غالب کے شاگرد رہے اور آخر تک غالب کے قائل رہے۔ لیکن آخر میں انھوں نے اصلاحِ سخن کے لیے شیفتہ کو غالب پر ترجیح دی۔ جب تک غزل کہتے رہے شیفتہ ہی سے اصلاح لیتے رہے۔ مگر غالب کی شاگردی کا بھی ہمیشہ اقرار کرتے رہے:

حالی سخن میں شیفتہ سے مستفیض ہوں
شاگرد میرزا کا مقلد ہوں میر کا

حالی کی شاعری اور غالب کی شاعری میں ایک بنیادی فرق ہے۔ غالب مشکل گو ہیں اور حالی سادہ زبان کے قائل ہیں۔ حالی کی شاعری میں نہ تو بہت ہی پیچیدہ اسلوبِ بیان ہے اور نہ زبردستی کی بلند خیالیاں۔ حالی کی کہی ہوئی بات ہر شخص کے دل کی بات ہوتی ہے۔ لیکن اندازِ بیان میں اچھوتا پن ہوتا ہے۔ ان کے جذبات و خیالات سادہ ہیں۔ اور اسالیب نرالے۔ انھوں نے اپنی غزلوں میں خود ہمارے دل کی باتیں بیان کی ہیں لیکن ایک پُراثر اور اچھوتے انداز میں:

افسانہ تیرا رنگیں، رُوداد تیری دل کش
شعر و سخن کو تو نے جادو بنا کے چھوڑا

حالی کو دُو اور دو چار قسم کی باتیں کرنے میں خاص عبور حاصل ہے اور یہ اثر غالب کا نہیں شیفتہ کا ہے۔ نواب مصطفیٰ خاں شیفتہ کا اثر، جن کے وہ تنخواہ دار ملازم تھے اور ان کے بچوں کے اتالیق تھے:

ملتے ہی ان کے بھول گئیں کلفتیں تمام
گویا ہمارے سر پہ کبھی آسماں نہ تھا

ذرا اس شعر کو دیکھیے۔ ہر شخص کی زبان پر چڑھ سکتا ہے:

ہم نہ کہتے تھے کہ حالی چُپ رہو
راست گوئی میں ہے رُسوائی بہت

اور اس شعر کی سادگی اور اس کے تاثر کا اندازہ کیجیے :

گھر ہے وحشت خیز اور بستی اُجاڑ
ہو گئی اک اک گھڑی تجھ بن پہاڑ

محبت کے مسئلے پر ایک شعر ہے :

رنجش و التفات و ناز و نیاز
ہم نے دیکھے بہت نشیب و فراز

اسی طرح کا ایک اور شعر ہے :

اب بھاگتے ہیں سایۂ زلفِ بتاں سے ہم
کچھ دل سے ہیں ڈرے ہوئے کچھ آسماں سے ہم

اور کتنا سادہ سا سوال کیا ہے مولانا نے :

اک یہاں جینے سے بیزار ہمیں ہیں یارب
یا اسی طرح سے سب عمر بسر کرتے ہیں؟

ان کا یہ شعر تو ہر کسی کی زبان پر ہے :

عشق کہتے تھے جسے ہم وہ یہی ہے شاید
خود بخود دل میں ہے اک شخص سمایا جاتا

حالی کے یہ دو شعر بھی بڑے مقبول ہیں :

ان کے جاتے ہی یہ کیا ہو گئی گھر کی صورت
نہ وہ دیوار کی صورت ہے نہ در کی صورت
کس سے پیمانِ وفا باندھ رہی ہے بلبل
کل نہ پہچان سکے گی گلِ تر کی صورت

غالب اور شیفتہ کی محبت، عرب شعرا کا مطالعہ اور خود اپنی سادگی اور دردمندی ان سب باتوں کی وجہ سے حالی کی غزلوں میں بہت سے نشتر موجود ہیں جو دل میں بڑے گہرے گھاؤ کر دیتے ہیں۔ ان کی جوانی داغ اور مومن کی طرح دیوانی نہ تھی۔ لیکن اس میں جوانی کی ساری اُمنگ اور ترنگ نمایاں ہے۔ ان کے شعروں میں سادگی بھی ہے حسن و تاثیر بھی۔ سُر دھیمے ہیں لیکن کسک کی آنچ بڑی شدید ہے۔ چند اشعار سُنیے :

اس نے اچھا ہی کیا حال نہ پوچھا دل کا
بھڑک اُٹھتا تو یہ شعلہ نہ دبایا جاتا

تھا کچھ نہ کچھ کہ پھانس سی اک دل میں چبھ گئی
مانا کہ اس کے ہاتھ میں تیروسناں نہ تھا

رہا ہوں رند بھی اے شیخ پارسا بھی ہوں
مری نگاہ میں ہیں، رند و پارسا اک اک

اب ذرا وہ اشعار بھی سُنیے جن میں بے بسی اور بیچارگی کی کیفیت نہیں۔ شوخی اور رنگوں کی آمیزش ہے۔

اپنی جیبوں سے رہیں سارے نمازی ہشیار
اک بزرگ آتے ہیں مسجد میں خضر کی صورت

بے قراری تھی سب اُمیدِ ملاقات کے ساتھ
اب وہ اگلی سی درازی شبِ ہجراں میں نہیں

کچھ اور اشعار سُنیے:

دریا کو اپنی موج کی طغیانیوں سے کام
کشتی کسی کی پار ہو یا درمیاں رہے

کبک و قمری میں ہے جھگڑا کہ چمن کس کا ہے
کل خزاں آ کے بتا دے گی، وطن کس کا ہے

خواجہ الطاف حسین حالیؔ پانی پتی نے اُردو ادب میں نظم اور نثر کو ایک نیا موڑ دیا۔ اور ادب کو فرسودہ روایات کے گھیرے سے نکال کر اس کے سامنے نئی وسعتوں کے آسمان پھیلا دیے۔ یہی ان کی سب سے بڑی دین ہے۔

حالیؔ کی کہی ہوئی بات ان کی اپنی ہی بات ہے۔

میں بھی خاکے لکھتا ہوں

مولوی عبدالحق

میں نے اپنے بہت سے دوستوں کے خاکے لکھے ہیں لیکن وہ سب ایسے دوست تھے جنھیں میں ذاتی طور سے جانتا تھا اور ان سے ملاقاتیں بھی رہی تھیں یا رہی ہیں۔ اس لیے ان سب خاکوں میں بہت ذاتی قسم کی باتیں بھی تھیں اور ذاتی قسم کے واقعات بھی تھے۔ دراصل خاکوں میں اگر ذاتی حوالے نہ ہوں تو وہ خاکے صرف مضمون بن کر رہ جاتے ہیں اور ان میں دل چسپی کے بہت سے پہلو اُبھر نہیں پاتے۔ اس لیے میں سمجھتا ہوں کہ جس خاکے میں اس کا لکھنے والا خود موجود نہیں ہوتا وہ خاکہ پُر اثر اور دل چسپ نہیں بن پاتا۔

لیکن بابائے اُردو مولوی عبدالحق کا خاکہ لکھنا میرے لیے بڑا دشوار مرحلہ ہے۔ پہلی بات تو یہ ہے کہ میں نے بہت بڑے بزرگوں کے بارے میں بہت کم لکھا ہے۔ بزرگ لوگ تو قابلِ تعظیم ہوتے ہیں، وہ تحریروں کا موضوع بنانے کے لیے تھوڑی ہی ہوتے ہیں۔ دوسری وجہ یہ کہ میں نے مولوی عبدالحق کو کبھی دیکھا نہیں صرف تصویروں سے ہی انھیں پہچانتا ہوں۔ میں نے البتہ ان کی وہ کرسی ضرور دیکھی ہے جو ان کے استعمال میں آتی تھی اور جو اب انجمن ترقی اُردو کے دفتر کی زینت ہے اور ایک تخت پر رکھی رہتی ہے جس پر گرمیوں کے دنوں میں کبھی کبھی خلیق انجم کا ہیلمٹ بھی پڑا نظر آتا ہے۔ میں تقسیم کے بعد جب ہندوستان آیا تو سال دو سال تو اپنے آپ کو سنبھالنے ہی میں لگ گئے۔ اس عرصہ میں لکھنا پڑھنا بھی بہت کم ہوا۔ اور جب میں اس قابل ہوا کہ اہلِ قلم حضرات سے رابطہ

قائم کر سکوں تو اس وقت تک کئی ادیب، شاعر، نقاد پاکستان چلے گئے تھے یا جانے کی تیاری کر رہے تھے۔ مولوی عبدالحق کا نام بھی اسی فہرست میں شامل ہے۔ وہ جنوری ۱۹۴۹ء میں مستقل طور پر پاکستان چلے گئے لہٰذا ان سے ملاقات کا شرف حاصل نہ ہو سکا۔ مولوی صاحب کی نگارشات البتہ نظر سے گذرتی رہیں جن میں بڑا تنوع ہے۔ یہی تنوع اس بات کا ثبوت ہے کہ ان کی اُردو زبان کی خدمت کا دائرہ بے حد وسیع ہے اور کہ انھوں نے اُردو ادب کو اپنی نگارشات گراں قدر سرمایہ دے کر اسے مالا مال کیا ہے۔

مولوی صاحب کی شخصیت اور ان کی خدمات کے لاتعداد پہلو ہیں۔ میں نے صرف اپنی بات ان کی "خاکہ نگاری" ہی تک محدود رکھی ہے۔ میرا یہ خاکہ نما مضمون صرف ان کی ایک کتاب "چند ہم عصر" کا ہی احاطہ کرتا ہے، جس میں انھوں نے اپنے چودہ ہم عصر ادیبوں اور دوستوں اور قلم کاروں کے کچھ مختصر، اور کچھ طویل خاکے تحریر کیے ہیں۔ لیکن جس بات نے ان خاکوں کو اُردو ادب میں ایک بلند مقام دیا ہے وہ ہے ان کا اپنا مخصوص اسٹائل اور پرسنل ٹچ اور یہی پرسنل ٹچ دراصل ان خاکوں کی جان ہے۔

پہلا خاکہ منشی امیر احمد کا ہے جس کے نیچے سال ۱۹۰۰ء درج ہے۔ شاید یہ اس خاکے کی تصنیف کا سال ہے۔ خاکہ بہت طویل نہیں۔ لیکن اس خاکے میں سلطان واجد علی شاہ کی ایک بڑی دلچسپ عادت کا ذکر کیا گیا ہے۔ اقتباس ملاحظہ فرمایئے:

> "واجد علی شاہ کی یہ عادت عجیب تھی کہ وہ اپنے کتب خانے میں گئے اور ادھر ادھر سے چند کتابیں اُٹھالیں اور کتاب کہیں سے بھی کھول کر چند ورق نقل کر لیے، اسی طرح جو کتاب سامنے آئی اس میں سے کچھ حصّہ نقل کر لیا۔ وہ اس بات کا مطلق لحاظ نہیں کرتے تھے کہ یہ کتابیں کس مضمون کی ہیں یا ئیں نے مختلف مضامین اور علوم کی کتابوں کے اقتباس بے ٹھکانے جمع کر لیے ہیں۔ غرض بادشاہ کی کتابیں اسی طرح تصنیف ہوتی تھیں اور

وہ خود، نیز ان کے درباری ان کتابوں کو اعلیٰ تصانیف میں سے خیال کرتے تھے، ایسی آن مِل بے جوڑ کتابوں کی شرح لکھنا اور ان میں ربط و سلسلہ قائم کرنا منشی صاحب مرحوم ہی کا کام تھا۔"

دوسرا خاکہ پروفیسر مرزا حیرت کا ہے۔ اس کے نیچے بھی سال ۱۹۰۰ء ہی درج ہے۔ مولوی صاحب ان کے حالات زندگی پر روشنی ڈالتے ہوئے لکھتے ہیں کہ مرزا حیرت صحیح النسب سید تھے مگر وہ ہمیشہ اسے چھپاتے رہے۔ وہ ۱۸۳۷ء میں پیدا ہوئے۔ یعنی جس سال کہ ملکہ وکٹوریہ تخت نشین ہوئیں۔ پروفیسر حیرت مئی ۱۸۷۲ء میں الفنسٹن کالج بمبئی کے پروفیسر فارسی مقرر ہوئے اور چھبیس سال تک اپنا فرض نہایت حسن و خوبی کے ساتھ ادا کیا۔ مولوی صاحب کے خاکوں کا ایک قابلِ ذکر پہلو یہ ہے کہ انھوں نے جس بھی شخص کا خاکہ تحریر کیا اس کی شخصیت کے کسی بہت ہی روشن بنیادی پہلو پر اپنی نظر رکھی اور اسے بڑے پُر اثر انداز میں قاری کے سامنے پیش کیا۔ پروفیسر مرزا حیرت کی جن بنیادی خوبیوں سے مولوی صاحب متاثر ہوئے وہ تھیں ان کا قوی حافظہ اور ان کے علم کی وسعت۔ کس خوب صورتی سے مولوی صاحب نے پروفیسر حیرت کی ان دونوں خوبیوں کی تصویر کشی کی ہے۔ اس کا اندازہ آپ مندرجۂ ذیل اقتباس سے بخوبی لگا سکتے ہیں:

"ان کا علم اس قدر وسیع اور ان کا حافظہ اس قدر قوی تھا کہ اگر حافظ اور سعدی کی تصانیف دنیا سے مِٹ جائیں تو وہ صرف اپنے حافظہ کے زور سے بِلا کم و کاست پھر پیدا کر سکتے تھے۔ ان کو اساتذہ کے ہزارہا عربی اور فارسی اشعار یاد تھے اور موقع پر بلا تامل سینکڑوں اشعار پڑھتے چلے جاتے تھے۔ عربی اور فارسی انشا پردازی میں وہ عدیم النظیر تھے۔ کالج میں پڑھاتے وقت وہ کبھی کتاب ہاتھ میں نہیں لیتے تھے۔ ان کا حافظہ اس قدر صحیح تھا کہ اپنی یاد سے پڑھتے چلے جاتے، اور اس خوبی سے تمام مطالب کی تشریح اور تنقید کرتے تھے کہ طلبہ کو حیرت ہوتی تھی۔ ہندوستان میں وہ عربی اور فارسی کے اُستادِ یگانہ سمجھے جاتے تھے اور ایران میں بھی ان کا شمار

مشہور انشا پردازوں میں تھا۔ مگر افسوس کہ ان کی طبیعت میں کچھ ایسا حجاب تھا کہ کبھی میدانِ شہرت میں قدم نہ رکھا اور نہ کوئی ایسا کام کیا کہ جس سے عام طور پر لوگ ان کی اعلیٰ قابلیت کا صحیح اندازہ کر سکتے اور یہی وجہ ہے کہ پبلک میں ان کا سکہ نہ بیٹھا اور بہت سے لوگ بمبئی سے باہر ان سے ناواقف رہے۔"

خواجہ غلام الثقلین کا خاکہ مولوی صاحب نے ۱۹۱۵ء میں لکھا۔ خاکے کے پہلے پیرہ میں مولوی صاحب نے ایک ایسی حقیقت کی طرف اشارہ کیا ہے، جو ہمارے معاشرے کی ایک تلخ سچائی ہے۔ اقتباس ملاحظہ فرمائیے:

"بہت سے ایسے ہیں جو ایک چیک پر دستخط کر دینے سے دُنیا میں یکایک نامور ہو جاتے ہیں۔ بہت سے ایسے ہیں جنھیں اتفاقاتِ زمانہ نے بڑا آدمی بنا دیا ہے۔ بہت سے ایسے ہیں جو محض نام و نمود کے لیے زمین و آسمان ایک کر دیتے ہیں اور شہرت یا نام حاصل کرنے کے لیے سب کچھ کر گزرتے ہیں اور آخر بڑے آدمی بن جاتے ہیں۔ لیکن کم ہیں جو محض اپنی لیاقت، محنت اور خلوص کے ساتھ کام کر کے عزت اور بڑائی حاصل کرتے ہیں۔ یہ بڑائی پائیدار ہوتی ہے۔ خواجہ غلام الثقلین مرحوم اسی مظلوم اور چھوٹے گروہ میں سے تھے۔ وہ طالب علمی کے زمانے میں بھی اپنے مطالعہ اور وسیع معلومات کی وجہ سے ممتاز تھے اور تمام طالب علم (سوائے کھلنڈروں کے) اور پروفیسر انھیں وقعت کی نگاہ سے دیکھتے۔ یونین کلب میں ان کی تقریروں کی آتش فشانی اور اخوان الصفا میں ان کے مضامین کی فصاحت بیانی مشہور تھی۔"

خواجہ صاحب کی شخصیت کا تجزیہ کرتے ہوئے مولوی صاحب لکھتے ہیں:

"وہ اس قدر راست باز اور بے لاگ تھے کہ سچ بات کہنے میں کبھی کسی کی پروا نہیں کرتے تھے اور اس لیے بعض لوگ ان سے خوش نہیں رہتے تھے مگر ان کی لیاقت اور سچائی کے سب لوگ قائل تھے۔ خود سید مرحوم انھیں محض ان کی قابلیت کی وجہ سے عزیز رکھتے تھے مگر اختلافات

کرنے میں وہ ان سے بھی نہ چوکتے تھے۔ حالانکہ ان کے سامنے بڑے بڑوں کے پَر جلتے تھے۔ علی گڑھ کالج میں ان سے پہلے اور غالباً ان کے بعد بھی کوئی ایسا طالب علم نہیں ہوا جس کا مطالعہ ایسا گہرا، معلومات ایسی وسیع اور جو کام کرنے میں ایسا ان تھک ہو۔ وہ پرلے درجہ کے ذہین اور ذکی تھے۔ وہ ہمیشہ علمی معاملات میں گفتگو کرتے اور پولیٹکس اور خصوصاً انگلستان کے سیاسیات سے انھیں ابتدا سے بے انتہا دلچسپی تھی اور جس قدر انھیں اس سے واقفیت تھی ہماری قوم میں شاید ہی کوئی اس قدر واقف ہو۔ وہ درحقیقت علی گڑھ کالج کے سپوت تھے، لیکن مادرِ کالج کا برتاؤ ان کے ساتھ ہمیشہ ظالمانہ رہا۔ کئی باران کا نام پیش ہوا مگر وہ کبھی کالج کے ٹرسٹی منتخب نہ ہوئے اور حیرت و افسوس یہ ہے کہ ان کے مقابلہ میں ایسے لوگوں کو ترجیح دی گئی جن کا نام لکھنا بھی ہم اس مضمون کا غذ پر گوارا نہیں کرسکتے۔ کالج کے کارنامے پر یہ بڑا دھبہ رہے گا۔"

مولوی صاحب اس طرح کی دیانت دارانہ اور بے لاگ رائے کا اظہار جس جرأت اور بے باکی سے کرتے تھے بہت ہی کم اہلِ قلم ایسا کرسکتے ہیں۔ انھیں اپنے آپ پر اتنا بھروسہ تھا کہ وہ کھُل کر بات کرنے سے کبھی گھبراتے نہیں تھے۔

مولوی عبدالحق دوسروں کی خوبیوں کا بھی کھُلے دل سے اعتراف کرتے تھے۔ اور ان خوبیوں کی قدر بھی کرتے تھے۔ مولانا وحیدالدین سلیم کے مختصر خاکے میں جو بھرپور تعریف کی تھی انھوں نے مولانا کی اُس تعریف کا اندازہ آپ اِن سطور سے بخوبی لگا سکتے ہیں:

"حقیقت یہ ہے کہ مولانا جیسی طبیعت اور ذہانت اور جدّت کے بہت کم لوگ ہوتے ہیں، ان کی تحریر میں بڑی قوت تھی اور حافظہ بھی غیر معمولی پایا تھا۔ بات کی تہہ کو خوب پہنچتے تھے اور زبان کے تو اُستاد تھے۔ جدید تعلیم نہیں پائی تھی، مگر مغربی تعلیم کا جو منشا ہے، اس سے ایسے واقف تھے کہ بہت کم جدید تعلیم یافتہ واقف ہوں گے! انگریزی

نہیں جانتے تھے، مگر جب انگریزی سے اُردو میں اصطلاحات یا ترجمہ کرنے کی ضرورت پڑتی تھی تو انگریزی داں بھی ان کی واقفیت کو دیکھ کر حیران رہ جاتے تھے۔ وہ الفاظ کے کینڈوں اور ان کی فطرت کو خوب سمجھتے تھے۔ اور لفظوں کی تلاش یا نئے لفظوں کے بنانے میں کمال رکھتے تھے اور لفظ ایسے موزوں اور جلد بناتے تھے کہ یہ معلوم ہوتا تھا کہ ان کے دماغ میں سانچے بنے بنائے رکھے ہیں۔ جن میں سے الفاظ ڈھلتے چلے آرہے ہیں۔"

گدڑی کا لال ــــ نور خاں

۱۹۳۰ء میں لکھا ہوا ایک بڑا ہی پُراثر خاکہ ہے جو کہ ایک معمولی سپاہی کی اعلیٰ شخصیت کی عکاسی کرتا ہے۔ خاکے کا آغاز ہی بڑا شاندار ہے۔ مولوی صاحب تحریر فرماتے ہیں:

"لوگ بادشاہوں اور امیروں کے قصیدے اور مرثیے لکھتے ہیں. ناموراور مشہور لوگوں کے حالات قلم بند کرتے ہیں۔ میں ایک غریب سپاہی کا حال لکھتا ہوں، اس خیال سے کہ شاید کوئی پڑھے اور سمجھے کہ دولت مندوں، امیروں اور بڑے لوگوں کے ہی حالات لکھنے اور پڑھنے کے قابل نہیں ہوتے بلکہ غریبوں میں بھی بہت سے ایسے ہوتے ہیں کہ ان کی زندگی ہمارے لیے سبق آموز ہو سکتی ہے۔ انسان کا بہترین مطالعہ انسان ہے. اور انسان ہونے میں امیر اور غریب کا کوئی فرق نہیں ہے۔"

لیکن خاکے کا آخری پیرہ تو مولوی صاحب کی طرف سے دفعدار نور خاں کو ایک بڑا خراجِ محبت ہے اقتباس پیشِ خدمت ہے:

"وہ حساب کے 'کھرے' بات کے کھرے، اور دل کے کھرے تھے. وہ مہر و وفا کے پتلے اور زندہ دلی کی تصویر تھے۔ ایسے نیک نفس، ہمدرد، مرنج و مرنجان اور وضعدار لوگ کہاں ہوتے ہیں۔ اُن کے

بڑھاپے پر لوگوں کو رشک آتا تھا اور ان کی مستعدی دیکھ کر دل میں امنگ پیدا ہوتی تھی۔ ان کی زندگی بے لوث تھی اور ان کی زندگی کا ہر لمحہ کسی نہ کسی کام میں صرف ہوتا تھا۔ مجھے وہ اکثر یاد آتے ہیں اور یہی حال ان کے دوسرے جاننے والوں اور دوستوں کا ہے۔ اور یہ ثبوت ہے اس بات کا کہ وہ کیسا اچھا آدمی تھا۔ قومیں ایسے ہی لوگوں سے بنتی ہیں۔ کاش ہم میں بہت سے نور خاں ہوتے!"

زیر بحث مجموعے کا سب سے مختصر خاکہ شیخ غلام قادر گرامی کا ہے۔ لیکن اس ایک صفحے کے خاکے میں گرامی کے بارے میں مولوی صاحب نے وہ بات کہہ دی ہے جو اس ٹھیٹ پنجابی لہجے والے شاعر کے بارے میں کسی اور ادیب، شاعر یا نقاد نے نہیں کہی۔ فرماتے ہیں:

"گرامی سچا شاعر تھا۔ ہمارے یہاں شاعر کے لیے جو جو لوازم سمجھے جاتے ہیں وہ سب اس مرحوم میں موجود تھے۔ بے نیاز و بے پروا۔ دُنیا کے معاملات سے بالکل بے خبر، لااُبالی۔ اگرچہ دُنیا کی نظروں میں دیوانہ تھا مگر شعر کہنے میں فرزانہ تھا۔ پہروں عالم خیال میں غرق آپ ہی آپ گنگناتا رہتا تھا۔ اس وقت جو دیکھتا سچ مچ دیوانہ سمجھتا۔ گھر کا حال گھر والے جانیں اور باہر والے جانیں۔ وہ اپنے شعر میں مگن رہتا تھا شعر اس جوش سے پڑھتا تھا کہ گویا شعر کے جگر میں گھسا جاتا ہے اور پڑھتے پڑھتے بے خود ہو جاتا تھا۔ ذوقِ سخن ایسا اچھا تھا کہ اچھا شعر سن کر وجد میں آ جاتا تھا۔ صورت، شکل، وضع قطع سے کبھی یہ خیال نہیں ہو سکتا تھا کہ وہ ایسا اچھا شاعر اور ایسا صاحبِ ذوق ہوگا اگرچہ بظاہر اکھڑ تھا مگر دل میں خلوص تھا۔ تواضع اس طرح کرتا تھا کہ جیسے کوئی کسی سے لڑتا ہے اور یہ اس کے عین خلوص کی علامت تھی دوستی کا سچا اور دوستوں کا قدردان تھا۔"

سب سے آخری خاکہ حالی پانی پتی کا ہے جس کے نیچے ۱۹۳۷ء درج ہے۔ یہ آخری

خاکہ سب خاکوں پر سبقت لے گیا ہے۔ کیا بھرپور خاکہ ہے۔ لگتا ہے مولوی عبدالحق حالی کی شخصیت، اس کی خوبیوں اور اس کی علمی قابلیت سے بے حد متاثر تھے۔ مجھے یہ خاکہ سب خاکوں سے اچھا لگتا ہے۔ اس میں شاید میرے ذاتی تعصب کا بھی دخل ہے۔ پہلی بات تو یہ ہے کہ حالی پہلا ادیب اور شاعر تھا جس نے ہندوستان میں ترقی پسندی کی تحریک کا آغاز کیا۔ کیوں کہ میرا اپنا تعلق بھی اسی تحریک سے ہے اس لیے مجھے حالی پسند ہے۔ دوسری بات یہ ہے کہ حالی کا تعلق ہریانہ سے ہے اور پانی پت برصغیر میں اس لیے مشہور ہے کہ یہ قصبہ الطاف حسین حالی کا وطن تھا اور یہیں بو علی قلندر کے مزار کے قریب اس کا مقبرہ ہے۔ اس حوالے سے میری حالی سے اس لیے بھی وابستگی ہے کہ میرے دو بہت ہی قریبی دوست حالی کے ہی خاندان سے تعلق رکھتے تھے۔ میری مراد خواجہ احمد عباس اور بیگم صالحہ عابد حسین سے ہے۔

لیکن اگر حالی سے میری ذاتی وابستگی نہ بھی ہوتی میں جب بھی مولوی صاحب کے اس خاکے کو خاکہ نگاری کی ایک لاجواب مثال سمجھتا۔ خاکے کا آغاز دیکھیے ذرا۔ اقتباس طویل ہے لیکن ان سطور میں مولوی صاحب نے حالی کی سادگی اور دردِ دلی کو کس خوب صورت پیرائے میں پیش کیا ہے، اس کا اندازہ آپ کو بخوبی ہو جائے گا:

> " غالباً ۱۸۹۲ء یا ۹۲ کا ذکر ہے جب میں مدرسۃ العلوم مسلمانان علی گڑھ میں طالب علم تھا۔ مولانا حالی اس زمانے میں یونین کی پاس کی بنگلیا میں مقیم تھے۔ میں اس سال تعطیلوں کے زمانہ میں وطن نہیں گیا تھا بورڈنگ ہاؤس ہی میں رہا۔ اکثر مغرب کے بعد کچھ دیر کے لیے مولانا کی خدمت میں حاضر ہوتا تھا۔ مولوی صاحب اس زمانے میں "حیاتِ جاوید" کی تالیف میں مصروف تھے اور ساتھ ہی ساتھ "یادگارِ غالب" کو بھی ترتیب دے رہے تھے۔ انھیں دنوں میں میرے ایک عزیز میرے ہاں مہمان تھے، میں جو ایک دن مولانا کے ہاں جانے لگا تو وہ بھی میرے ساتھ ہو گئے۔ کچھ دیر مولانا سے بات چیت ہوتی رہی۔ لوٹتے وقت رستے میں

عزیز مہمان فرمانے لگے کہ ملنے سے اور باتوں سے تو یہ نہیں معلوم ہوتا کہ یہ وہی مولوی حالی ہیں جنھوں نے "مسدس" لکھا ہے۔ یہ مولانا کی فطری سادگی تھی جو اس خیال کا باعث ہوئی۔

ایک دوسرا واقعہ جو میری آنکھوں کے سامنے پیش آیا اور جس کا ذکر میں نے کسی دوسرے موقع پر کیا ہے۔ یہ ۱۹۰۵ء کا ذکر ہے جب غفران مآب اعلیٰ حضرت مرحوم کی جوبلی بلدہ، حیدرآباد اور تمام ریاست میں بڑے جوش اور شوق سے منائی جارہی تھی۔ مولانا حالی بھی اس جوبلی میں سرکار کی طرف سے مدعو کیے گئے تھے اور نظام کلب کے ایک حصے میں ٹھہرائے گئے۔ زمانۂ قیام میں اکثر لوگ صبح سے شام تک ان سے ملنے کے لیے آتے تھے۔ ایک روز کا ذکر ہے کہ ایک صاحب، جو علی گڑھ کالج کے گریجویٹ اور حیدرآباد میں ایک معزز عہدے پر فائز تھے، مولانا سے ملنے آئے، ٹم ٹم پر سوار تھے۔ زینے کے قریب اُترنا چاہتے تھے۔ سائیس کی جو شامت آئی تو اس نے گاڑی دو قدم آگے جا کر کھڑی کی۔ یہ حضرت اس ذرا سی چوک پر آپے سے باہر ہو گئے اور اور سارڑ سارڑ کئی ہنٹر غریب کے رسید کر دیے۔ مولانا یہ نظارہ اوپر برآمدہ میں کھڑے دیکھ رہے تھے۔ اس کے بعد وہ کھٹ کھٹ کر کے سیڑھیوں پر سے چڑھ کر اُوپر آئے۔ مولانا سے ملے۔ مزاج پرسی کی اور کچھ دیر باتیں کر کے رُخصت ہو گئے۔ میں دیکھ رہا تھا۔ مولانا کا چہرہ بالکل متغیر تھا، وہ برآمدے میں ٹہلتے جاتے تھے اور کہتے تھے "ہائے ظالم نے کیا کیا۔" اس روز کھانا بھی اچھی طرح نہ کھا سکے، کھانے کے بعد قیلولے کی عادت تھی وہ بھی نصیب نہ ہوا۔ فرماتے تھے "یہ معلوم ہوتا ہے کہ گویا وہ ہنٹر کسی نے میری پیٹھ پر مارے ہیں۔" اس کیفیت سے جو کرب اور درد مولانا کو تھا وہ شاید اس بدنصیب سائیس کو بھی نہ ہوا

ہوگا۔

میں یہ سمجھتا ہوں کہ بابائے اُردو مولوی عبدالحق نے مولانا حالی کا جو اتنا طویل خاکہ تحریر کیا ہے اس کا ایک سبب مولوی صاحب کی حالی سے ذاتی قربت اور ذاتی پسند بھی تھی جسے محبت کا نام بھی دیا جا سکتا ہے۔ خاکے کا آخری پیرا ان کے اس ذاتی تعلق کا مظہر ہے:

"آخر میں اُن کی دو بڑی تمنائیں تھیں۔ ایک تو اُردو زبان میں تذکیر و تانیث کے اصول منضبط کرنا اور ایک کوئی اور بات تھی جو اس وقت میرے ذہن سے بالکل نکل گئی ہے۔ جب میرا تقرر اورنگ آباد میں ہوا تھا تو میں نے مولانا کی خدمت میں لکھا کہ یہاں کی ہوا بہت معتدل اور خوشگوار ہے۔ پانی بہت لطیف ہے، اور خصوصاً جس مقام پر میں رہتا ہوں وہ بہت ہی پُر فضا ہے۔ آپ کچھ دنوں کے لیے یہاں تشریف لے آیئے صحت کو بھی فائدہ ہوگا اور جو کام آپ کرنا چاہتے ہیں وہ بھی آسانی سے انجام پا جائے گا۔ کوئی مخلِ اوقات بھی نہ ہوگا اور یقین ہے کہ آپ یہاں آکر بہت خوش ہوں گے۔ وہ آنے کے لیے بالکل آمادہ تھے مگر ان کے فرزند خواجہ سجاد حسین صاحب اور دوسرے عزیز و اقارب رضامند نہ تھے۔ عذر یہ تھا کہ دُور دراز کا سفر ہے۔ ضعیفی کا عالم ہے۔ طبیعت یوں بھی ناساز رہتی ہے، ایسی حالت میں اتنی دُور کا سفر خلافِ مصلحت ہے۔ مولانا نے یہ سب کیفیت مجھے لکھ بھیجی اور ساتھ ہی یہ بھی لکھ دیا کہ جب تم اِدھر آؤ تو دو ایک روز کے لیے پانی پت بھی چلے آنا، اس وقت میں تمھارے ساتھ ہو لوں گا۔ پھر کوئی چوں و چرا نہیں کرے گا۔ جب میں گیا تو وہ بیمار ہو چکے تھے اور بیماری نے اتنا طول کھینچا کہ جان لے کر گئی۔"

میرا یہ خیال ہے کہ خاکہ نگاری کا فن بہت مشکل فن ہے اور اس میں نام پیدا کرنا

آسان نہیں۔ اس کے لیے ایک خاص قسم کے ذہنی رجحان اور ڈسپلن کی ضرورت ہے۔ یہ فن سلو سائیکلنگ ریس (SLOW CYCLING RACE) کی طرح ہے۔ اپنی حدود کا خیال بہت ضروری ہے۔ خلوص، تفصیلات کا ذخیرہ، اور ریسرچ کا انداز، مثبت اور منفی پہلوؤں کا توازن۔ بے لاگ اور دیانت دارانہ اظہار کا حوصلہ اور ان سب کے ساتھ زبان اور اسٹائل پر عبور اور پھر دلچسپ انداز سے بات کہنے کا ایسا ڈھنگ کہ پڑھنے والا مسحور ہو کر پڑھتا جائے، کہیں رُکے نہیں۔ یہ ہیں کچھ بنیادی تقاضے ایک کامیاب خاکہ نگار کے۔

میں نے بابائے اُردو مولوی عبدالحق کو صرف ان کے خاکوں سے جانا ہے ورنہ ذاتی طور پر میں انھیں بالکل نہیں جانتا۔ اس کے باوجود میں بڑے وثوق سے کہہ سکتا ہوں کہ مولوی صاحب فنِ خاکہ نگاری پر کمال کی دسترس رکھتے ہیں اور لگتا ہے کہ ہم جس شخص کا خاکہ پڑھ رہے ہیں وہ شخص بذاتِ خود ہمارے سامنے کھڑا ہے اور ہم سے گفتگو کر رہا ہے۔ اس سے زیادہ کمال اور کیا ہوگا۔

لیکن بطور خاکہ نگار میں ایک بات ضرور کہنا چاہوں گا کہ ان سب خاکوں میں بابائے اُردو نے کسی خاتون کا کوئی خاکہ تحریر نہیں کیا۔ وہ تو ہمارے درمیان میں نہیں جو میرے اس سوال کا جواب دے سکیں۔ اگر آپ میں سے کوئی صاحب یا صاحبہ میرے اس سوال کا جواب دے سکے تو میں ہمہ تن گوش ہوں۔ نہیں تو میرے شبہات بنے رہیں گے اور شبہات کا بنے رہنا کسی بھی صورت میں مناسب نہیں ہوتا۔

میرا سیاسی شعور

حسرت موہانی

مولانا حسرت موہانی سے میری غائبانہ ملاقات ان کی مختصر کتاب "متروکاتِ سخن" کے ذریعہ ۱۹۴۲ء میں ہوئی۔ ان سے ذاتی ملاقات کا شرف مجھے کبھی حاصل نہیں ہوا۔ میں پرنس آف ویلز کالج جموں سے گریجویشن کر چکا تھا۔ نواب جعفر علی خاں اثر لکھنوی سے باقاعدہ ملاقاتیں رہتی تھیں اور شعروشاعری کی ابتدا ہو چکی تھی۔ "بزمِ ادب" جموں کے اجلاس میں شرکت بھی کرتا تھا اور بزم کے ماہنامے "فردوس" کو ایڈٹ کرنے کا کام بھی میرے ذمے لگایا گیا تھا۔ بزمِ ادب کے جنرل سکریٹری قیس شروانی کے کہنے پر میں نے "متروکاتِ سخن" خریدی تھی۔ بڑے ہی معمولی کاغذ پر چھپی اس کتاب کی قیمت بھی شاید دس بارہ آنے تھی۔ مولانا کی شخصیت کی طرح اس کتاب کا چہرہ بھی کسی جاذبیت کا حامل نہ تھا۔ لیکن مولانا کی سیرت کی طرح "متروکاتِ سخن" کی سیرت بھی پُرکشش تھی۔ میں آج باون سال گزرنے کے بعد بھی اس کتاب کی افادیت کا قائل ہوں اور مجھے اس بات کا افسوس ہے کہ جموں چھوڑنے پر میری جن کتابوں کا نقصان ہوا ان میں مولانا حسرت موہانی کی کتاب "متروکاتِ سخن" بھی شامل ہے۔ ادبی زندگی کے ابتدائی دور میں مجھے اس کتاب سے بہت مدد ملی ہے۔

مولانا حسرت موہانی کے اشعار میں سے جو میں نے ان دنوں پڑھے تھے، کچھ اشعار مجھے اب بھی یاد ہیں:

اُدھر جُرمِ محبت پر وہ برہم ہوتے جاتے ہیں
اِدھر دل میں تمنائے شہادت بڑھتی جاتی ہے

سر کہیں، بال کہیں، ہاتھ کہیں، پاؤں کہیں
اُن کا سونا بھی ہے کس شان کا سونا دیکھو

پھر شام ہی سے کیوں وہ چلے تھے چھڑا کے ہاتھ
دُکھتی رہی جو ان کی کلائی تمام شب

نہیں آتی تو یاد اُن کی مہینوں تک نہیں آتی
مگر جب یاد آتے ہیں تو اکثر یاد آتے ہیں

توڑ کے عہدِ وفا نا آشنا ہو جائیے
بندہ پرور جائیے، اچھا خفا ہو جائیے

قدرت نے کس شخص سے کیا کام لینا ہے، اس کا علم اس شخص تو کیا کسی کو بھی نہیں ہوتا۔ حالات کچھ اس طرح کی شکل اختیار کرتے جاتے ہیں کہ سب کچھ بڑا نارمل لگتا ہے۔ اور احساس ہوتا ہے کہ بس وہی کچھ ہونا تھا جو ہو رہا تھا۔ مولانا فضل الحسن حسرت موہانی کی زندگی پر نظر ڈالیں تو اس امر کی کچھ اس طرح سے تصدیق ہو جاتی ہے۔ فتح پور گورنمنٹ ہائی اسکول سے میٹرک کا امتحان فرسٹ ڈویژن میں پاس کرنے کے بعد جب وہ محمڈن اینگلو اورینٹل کالج علی گڑھ میں داخلہ لینے کے لیے علی گڑھ پہنچے تو ان کے لباس اور شکل و شباہت کو دیکھ کر طلبا نے ان پر "خالہ جان" کی پھبتی کسی لیکن ایک سال ہی میں وہ "خالہ جان" سے مولانا ہو گئے۔ یہاں تک کہ ان کی بیوی نشاط النساء بھی زندگی بھر انھیں

مولانا کہہ کر ہی مخاطب کرتی رہیں۔ اور پھر رفتہ رفتہ لوگ ان کا اصلی نام بھی بھول گئے۔ ایک غزل کے مقطع میں انھوں نے خود کہا ہے۔

عشق نے جب سے کیا حسرتؔ مجھے
کوئی بھی کہتا نہیں فضل الحسن

لیکن یہ بھی کتنا بڑا المیہ ہے کہ آپ کی بیوی بھی زندگی بھر آپ کو مولانا ہی کہتی رہے اور یہ بھول جائے کہ آپ حد درجہ حساس، حُسن پرست اور بہت اچھے شاعر بھی ہیں۔ یہی حال مہاتما گاندھی کا بھی ہوا۔ ان کی زندگی میں وہ وقت بھی آیا جب وہ اپنی بیوی کستوربا کو "با" کہنے پر مجبور ہو گئے۔ یہ المیے بڑی ذاتی ہوتے ہیں اور کوئی کسی سے ان کے بارے میں کچھ بھی کہہ نہیں سکتا:

یہ اور بات کہ تجھ سے گلا نہیں کرتے
ملال کیوں نہیں ہوتا، ملال ہوتا ہے

مولانا حسرت موہانی کی سیاسی زندگی سے متعلق مجھے بہت زیادہ میٹیریل تو نہیں ملا لیکن جو کچھ ملا اس کا مطالعہ کرنے پر میں اس نتیجے پر پہنچا ہوں کہ مولانا سماج کے درمیانی طبقے سے تعلق رکھتے تھے، اس لیے اس طبقے کی کچھ بنیادی خصوصیات ان کی شخصیت پر عمر بھر اثر انگیز رہیں۔ درمیانی طبقے سے جڑے آدمی کے پاس ذرائع بہت کم ہوتے ہیں لیکن یہ آدمی جتنا حساس ہوگا اور اس کے پاس جتنا ویژن ہوگا اس کی توقعات اور امیدیں اتنی ہی زیادہ ہوں گی۔ اس کی نظریں تو منزل کے کنگارے پر ہوں گی لیکن اس کے کندھوں پر اپنی

کا اتنا بھاری بوجھ ہوگا کہ اس کو طے کرکے دشوار راستوں پر چلنا پڑے جو کم کا کام نظر آئے گا۔ اس جدوجہد میں ایک معمولی سی شکست بھی اس کو متزلزل کر سکتی ہے۔ مولانا کا المیہ بھی یہی رہا۔ اقتصادی طور پر نا آسودگی، سماجی طور پر ریکگنیشن (RECOGNITION) کی کمی، مزاج کا ضدی پن، زندگی سے نا اطمینانی اور ہم خیالوں کی کمی، ان سب باتوں نے مولانا کو

بدمزاج بنا دیا، انجام یہ ہوا کہ وہ کسی بھی سیاسی نظریے سے زیادہ دیر تک نہ جُڑے رہ سکے اور وہ تمام قربانیاں جو انھوں نے بنا کسی ذاتی غرض کے، کسی مقصد کے حصول کے لیے کیں آخر میں بے کار ثابت ہوئیں۔ مولانا حسرت موہانی زندگی بھر کسی نہ کسی فرسٹریشن کا شکار رہے اور ان کی موت ایک ایسے مردِ مجاہد کی موت ثابت ہوئی جو اپنی آخری سانس تک بے جگری اور خلوص سے لڑا لیکن جب ہارا تو کسی نے بھی اس کی جواں مردی، قربانی اور خلوص کی داد نہ دی۔

دراصل مولانا حسرت موہانی کو سیاست سے طالب علمی کے زمانے ہی سے دلچسپی تھی۔ اس کی طرف عارف ہسوی نے بھی، جو ان کے پہلے سوانح نگار تھے، اشارہ کیا ہے۔ یہی بات بیگم حسرت نے بھی کہی ہے۔ اس کی تصدیق مولانا کی ایک عزیز مقالہ نگار خاتون نے ان الفاظ میں کی ہے:

> "بی۔ اے پاس کرنے سے پہلے ہی حسرت سیاستِ ہند میں دلچسپی لینے لگے تھے اور تین مرتبہ نعرۂ حریت بلند کرنے پر ایم۔ اے او کالج کے ہاسٹل سے نکالے گئے تھے۔"

خود مولانا نے بھی تو کہا ہے:

لے کہ نجاتِ ہند کی دل سے ہے تجھ کو آرزو
ہمتِ سربلند سے یاس کا انسداد کر

غیر کی جدو جہد پر تکیہ نہ کر کہ ہے گناہ
کوششِ ذاتِ خاص پر ناز کر اعتماد کر

بی۔ اے کرنے کے بعد ۱۹۰۲ء میں نیا تعلیمی سال شروع ہونے پر مولانا نے ایل ایل بی میں داخلہ لیا۔ اس وقت تک مولانا کی کالج کے پرنسپل مسٹر ماریسن سے اَن بَن ہو چکی تھی۔ مولانا نے جب وظیفہ حاصل کرنے کے لیے درخواست دی تو پرنسپل نے ردّ کر دی۔

انھوں نے جب ہاسٹل میں رہنے کی اجازت چاہی تو وہ بھی رد کر دی گئی۔ فرسٹریشن کا یہ ایک نیا موڑ تھا۔ آخر انھوں نے ایل ایل بی کرنے کا ارادہ ہی چھوڑ دیا۔ اس سلسلے میں ان کی بیٹی نعیمہ کا بیان بڑا پُر معنی ہے:

"خود مولانا فرمایا کرتے تھے کہ جب میں نے تعزیراتِ ہند کا مطالعہ کیا اور اس کی بعض دفعات پر غور کیا تو میرے ضمیر نے کہا کہ یہ تیرے بس کا روگ نہیں ہے۔"

مولانا کے پاس اب سوائے سیاست میں ایکٹیو رول ادا کرنے کے اور چارہ ہی کیا رہ گیا تھا۔ اس کے لیے انھوں نے صحافت کا سہارا لیا اور علی گڑھ ہی سے اُردوئے معلّیٰ کے نام سے ایک ماہنامے کا اجرا کیا جس کا پہلا شمارہ یکم جولائی ۱۹۰۳ء کو منظرِ عام پر آیا۔ اس کے بعد مولانا آل انڈیا کانگریس میں شامل ہو گئے اور اُردوئے معلّیٰ ایک طرح سے کانگریس ہی کا پرچہ ہو گیا۔ مولانا نے دسمبر ۱۹۰۴ء میں بمبئی میں منعقد کانگریس کے سالانہ اجلاس میں شرکت کی اور اُردوئے معلّیٰ میں ایک طویل بیان بھی دیا جس کی کچھ سطور حاضر ہیں:

"ہم کو بہت تعجب ہوتا ہے جب ہم کسی پُرانی وضع کے اخبار میں یہ دیکھتے ہیں کہ کانگریس مسلمانوں کے مقصد کے خلاف ہے۔ ہم نہیں سمجھتے کہ وہ لوگ جو انگریزی سے ناآشنائے محض ہونے کے علاوہ کبھی کانگریس میں شریک نہیں ہوئے، ان کو کیا حق حاصل ہے کہ اس جلسے کے بارے میں کسی قسم کی رائے کا اظہار کریں۔"

۱۹۰۵ء میں تقسیم بنگال کے فیصلے کے بعد مولانا سیاست سے پوری طرح وابستہ ہو گئے۔ دسمبر ۱۹۰۶ء میں محمڈن ایجوکیشنل کانفرنس کا بیسواں سالانہ اجلاس ڈھاکہ میں ہوا۔ اسی اجلاس میں مُسلم لیگ وجود میں آئی۔ لیکن اس کانفرنس میں نہ تو محمد علی جناح نے شرکت کی اور نہ ہی مولانا حسرت موہانی نے۔ لیکن ان دونوں حضرات نے آل انڈیا کانگریس کے اس اجلاس میں شرکت کی جو انھیں تاریخوں میں کلکتہ میں منعقد ہوئی۔ اس اجلاس میں

کانگریس کے "نرم فریق" اور "گرم فریق" کے درمیان جو اختلافات تھے وہ کھل کر سامنے آئے۔ مولانا کی ہمدردی "گرم فریق" کے ساتھ تھی جس کے لیڈر بال گنگا دھر تلک تھے۔ "نرم فریق" کے لیڈر گوپال کرشن گوکھلے تھے۔ مولانا نے ذہنی طور پر تلک جی کو اپنا گرو مان لیا اور ان کے بارے میں یہ کہا۔

"یاد آئی تری جس دم ـــ فوراً حسرت نے جھک کے سلام کیا۔"

لیکن ۱۹۰۷ء میں سورت کے اجلاس میں "نرم فریق" کی جیت ہوئی اور "گرم فریق" کو شکست۔ اس کا مولانا پر بڑا گہرا اثر ہوا اور ان کی تحریروں میں بھی باغیانہ جذبہ اُبھر آیا۔ نتیجے کے طور پر مولانا ۲۳ر جون ۱۹۰۸ء کو علی گڑھ میں گرفتار کر لیے گئے۔ اس سے اگلے روز اسی جرم کے تحت بال گنگا دھر تلک کو بمبئی میں گرفتار کر لیا گیا۔ تلک کی گرفتاری پر تو ملک بھر میں احتجاج ہوا لیکن مولانا کی گرفتاری پر کوئی خاص ردِ عمل نہ ہوا۔ یہ بات بڑی دلچسپ ہے کہ مولانا کو جس تحریر کی وجہ سے گرفتار کیا گیا تھا وہ ان کی اپنی تحریر نہیں تھی "اُردوئے معلیٰ" میں جو مضمون چھپا تھا اس کا عنوان تھا "مصر میں انگریزوں کی تعلیمی پالیسی" مولانا نے سارا الزام اپنے سر لے لیا اور مضمون نگار کا نام بتلانے سے انکار کر دیا۔

بال گنگا دھر تلک کو چھ سال کے لیے کالے پانی بھیج دیا گیا اور مولانا حسرت کو دو سال کی سخت قید اور پانچ سو روپے جرمانہ کی سزا سنائی گئی۔ یہ بات بھی قابلِ ذکر ہے کہ تلک جی کے مقدمے کی پیروی کرنے والے وکیلوں میں مسٹر محمد علی جناح بھی شامل تھے۔ لیکن مولانا کے مقدمے کی پیروی ٹھیک طرح سے نہ ہوئی تھی۔ "مشاہداتِ زنداں" میں اپنی سزا کا واقعہ یُوں بیان کیا ہے مولانا نے:

"قیدِ سخت کا آغاز اس طور پر ہوا کہ کچہری سے جیل واپس پہنچتے ہی ایک لنگوٹ جانگیا اور ایک کُرتا ٹوپی پہننے کے لیے، ایک ٹکڑا ٹاٹ اور ایک کمبل اوڑھنے کے واسطے اور ایک قدح آہنی بڑا ایک چھوٹا دے کر جملہ ضروریات کو رفع کرنے کی غرض سے مرحمت ہوا۔"

مولانا حسرت کا یہ شعر اسی دَور کی یادگار ہے۔

ہے مشقِ سخن جاری، چکّی کی مشقت بھی
اک طُرفہ تماشا ہے حسرت کی طبیعت بھی

چکّی کی مشقت کے ساتھ ساتھ مشق سخن کا سلسلہ ایک دو دن یا ایک دو ہفتے نہیں پورے گیارہ مہینے جاری رہا۔ بہ قول حسرت:

"جیل کی سخت ترین مشقت چکّی سے پہلے روز ہی سابقہ پڑا اور راقم کو ... قید کی ساری مدت روزانہ ایک من آٹا پیسنے سے سروکار رہا ...."

۱۹۱۷ء میں روس میں رونما ہونے والے انقلاب نے مولانا حسرت کو ایک دوسرے سیاسی نظریے سے روشناس کرایا۔ ان دنوں وہ نظر بند تھے اور اس دوران اُنھوں نے ایک غزل کہی جس کے دو شعر حاضر ہیں۔

عشّاقِ منتظر کو یہ صبح نو مبارک
خورشید اک نرالا بالائے بام نکلا

محروم اک ہمیں ہیں اے مقصدِ تمنّا
دنیا میں ورنہ کس کا تجھ سے نہ کام نکلا

مولانا کی اس نئی سوچ نے انھیں مہاتما گاندھی سے دُور کر دیا۔ تلک جی کے سیاسی نظریات کا اثر مولانا پر بہت زیادہ تھا۔ انھیں بھی تلک جی کی طرح عدم تشدّد پر یقین نہیں تھا۔ گاندھی جی سے مولانا کے اختلافات روز بہ روز بڑھتے گئے۔ اسی دوران تلک جی جہانِ فانی سے اُٹھ گئے۔ مولانا کو اس کا بڑا صدمہ ہوا۔ ان کی فرسٹریشن اور بھی بڑھ گئی۔ جنوری ۱۹۲۰ء میں آل انڈیا کانگریس کے اجلاس میں مولانا، مہاتما گاندھی کے سب سے بڑے حریف بن گئے۔ اکتوبر ۱۹۲۱ء میں ایک سیاسی کانفرنس آگرہ میں ہوئی۔ مولانا کو اس کانفرنس کا صدر چُنا گیا۔ مولانا نے اپنے سیاسی نظریات کا کھُلے الفاظ میں

اظہار کیا۔

مولانا کے سیاسی شعور نے ۱۹۲۱ء میں ایک نئی کروٹ لی۔ اس سال کے آخری دنوں میں احمد آباد میں، آل انڈیا کانگریس، خلافت کانفرنس اور مسلم لیگ کے سالانہ اجلاس ہوئے۔ مولانا نے تینوں تنظیموں کے اجلاس میں "حُریتِ کامل" کا نعرہ بلند کیا اور بڑے بڑے لیڈر گھبرا گئے۔ کانگریس کے اجلاس میں سبھاش چندر بوس بھی موجود تھے۔ مولانا حسرت نے انھیں اپنا رہنما مان لیا اور ان پر ایمان لے آئے۔

مولانا نے "حُریتِ کامل" کے بارے میں خلافت کانفرنس میں بھی پُرزور الفاظ میں اظہار کیا۔ لیکن ان کی جس جزیاتی تقریر نے مُسلم لیگ کے اجلاس میں اضطراب پیدا کیا اس کے بارے میں ایک اخبار کی رائے ذیل میں درج ہے:

"مولانا کی رائے میں ایک گورنمنٹ کو بدلنے کی دو ہی صورتیں ہو سکتی ہیں۔ یا تو اسے تلوار کی مدد سے تباہ و برباد کر دیا جائے، اور یہی صورت تمام دنیا میں رائج ہے۔ یا پھر یہ ہو کہ ہم اس گورنمنٹ کے جواب میں اپنی گورنمنٹ علاحدہ قائم کریں۔ اس گورنمنٹ کی سپاہ علاحدہ ہو، اس کی پارلیمنٹ بھی ہو اور اس قسم کے اور محکمے بھی ہوں۔"

"حُریتِ کامل" کا نعرہ بلند کرنے پر مولانا کو دو سال کی سزا ہوئی۔ قید سے رہا ہوتے ہی انھوں نے اپنے بیان میں کہا:

"میرا پروگرام ہمیشہ سے امپیریلزم کو تباہ کرنے کی کوشش پر مبنی رہا ہے اور یہی رہے گا۔ اور جو پارٹی بھی اس پروگرام کو ہاتھ میں لے گی۔ اس کے ساتھ میں تہہ دل سے شریک اور اس کا ہمدرد ہوں گا۔"

مولانا کانگرس سے الگ ہو کر اب نیشنل کمیونسٹ پارٹی کی تشکیل کرنا چاہتے تھے۔ چنانچہ کانپور میں پہلی کمیونسٹ کانگریس کا جو انعقاد ہوا اس کے صدر مولانا حسرت موہانی ہی تھے۔ انھوں نے اپنے خطبۂ استقبالیہ میں کچھ اہم اشارے کیے:

"کمیونزم کاشت کاروں اور مزدوروں کی تحریک ہے ہم لوگ عدم تشدد

کو صرف ضرورت اور مصلحت کی بنا پر جائز سمجھتے ہیں۔ ہمارے اُصول میں سرمایہ داری اور شخصی جائداد کی مطلق گنجائش نہیں۔

لوگ اپنے کل معاملات کا انتظام جمہوری اُصولوں پر خود کرسکتے ہیں۔ اس کا نام سوویت گورنمنٹ ہے"!

مولانا کو ایک اور فرسٹریشن کا شکار ہونا پڑا۔ اس کانفرنس کے بعد سینٹرل ایگزیکیٹو کمیٹی نے عہدے داروں کا جو انتخاب کیا اس میں مولانا کو ایک دم نظر انداز کر دیا گیا۔ مولانا کے لیے یہ صدمہ بہت زیادہ تھا۔ چنانچہ انھوں نے کمیونسٹ پارٹی کو چھوڑ دیا اور اپنے سیاسی نظریات کو ایک دم بدل ڈالا اور خود کو مُسلم لیگ کے اس گروپ کے ساتھ وابستہ کر لیا جو اس وقت شفیع لیگ کے نام سے جانا جاتا تھا اور جس کے جنرل سکریٹری ڈاکٹر محمد اقبال تھے۔ یہ وہ زمانہ تھا جب سائمن کمیشن کے خلاف مظاہرے ہو رہے تھے اور گاندھی جی اس سلسلے میں بڑے منظم دَورے کر رہے تھے۔ گاندھی جی جب کانپور پہنچے تو مولانا نے کچھ لوگوں کے ساتھ کالے جھنڈوں کا مظاہرہ کیا اور "سائمن کمیشن گو بیک" کے بجائے "گاندھی جی گو بیک" کے نعرے لگائے۔

مولانا کے سیاسی نظریات میں بہت بڑا تضاد تھا۔ دراصل تضاد ہی ان کی شخصیت کا اہم ترین پہلو تھا۔ اسی بنیادی تضاد نے مولانا کو کبھی کسی پارٹی یا کسی نظریے سے زیادہ دیر وابستہ نہ رہنے دیا۔ ۱۹۳۶ء میں انجمن ترقی پسند مصنفین کا پہلا اجلاس ہوا تو مولانا حسرت موہانی بنا اطلاع دیے اس میں شرکت کے لیے پہنچ گئے اور ایک بھرپور تقریر بھی کی۔ لیکن کچھ ہی برسوں بعد اس انجمن سے بھی بیزار ہو گئے۔ ایسا نظر آتا ہے کہ مولانا دراصل اپنے آپ ہی سے مطمئن نہ تھے۔ یہ ایک بڑا نفسیاتی نکتہ ہے۔ جو شخص اپنے آپ سے مطمئن نہیں ہوتا اسے کوئی بھی چیز اطمینان نہیں دے سکتی۔ مولانا حسرت موہانی کے ساتھ زندگی بھر یہی ہوا۔

تقسیم وطن کے وقت مولانا مُسلم لیگ سے وابستہ تھے اور مُسلم لیگ ہی کے ٹکٹ پر ۱۹۴۲ء میں یو۔پی اسمبلی اور پھر دستور ساز اسمبلی کے ممبر منتخب ہوئے۔ اور یہ کتنا بڑا

تضاد ہے کہ دوسری جنگ عظیم میں مسلم لیگ سے وابستہ لیڈر اپنے آپ کو سبھاش چندر بوس سے جوڑ رہا تھا کہ جب سبھاش چندر بوس آزاد ہند فوج کے ساتھ ہندوستان آئیں گے تو اس وقت انھیں مولانا جیسے لوگوں کی ضرورت ہوگی اور جب سبھاش چندر بوس ہوائی جہاز کے حادثے میں ختم ہو گئے تو مولانا اس حقیقت کو کسی بھی طرح قبول کرنے کو تیار نہ تھے۔ بلکہ دوسروں کو بھی یہ یقین دلانے کی کوشش کرتے کہ سبھاش چندر بوس زندہ تھے اور مناسب وقت پر لوگوں کے سامنے آئیں گے۔

عتیق صدیقی صاحب نے اپنی کتاب "حسرت موہانی" قید فرنگ میں میں مولانا کی سیاسی زندگی کا بڑی خوب صورتی سے تجزیہ کرتے ہوئے ایک جگہ لکھا ہے:

"مولانا حسرت کی کانگریس سے علاحدگی، کمیونزم سے گہری دل چسپی، مسلم لیگ میں دوبارہ شمولیت، سبھاش چندر بوس سے والہانہ عقیدت اور فارورڈ بلاک سے پُر جوش وابستگی کو ان کی بے مقصد سیاسی صحرا نوردی ہی سے تعبیر کرنا صحیح ہوگا۔ حقیقتاً ان کے لاشعور میں گاندھی جی کے مقابلے میں ناکامی کا احساس چھپا ہوا تھا۔ اور جہاں بھی ان کو گاندھی جی کی مخالفت کا شائبہ نظر آتا تھا، وہاں وہ پہنچ جاتے تھے۔"

گاندھی جی کے فلسفے کو دو ہی آدمیوں نے چیلنج کیا تھا، جناح نے اور حسرت نے۔ جناح کی مخالفت میں ان کی اعتدال پسندی کو دخل تھا، جو انھیں گوکھلے سے ملی تھی، جن کی قیادت میں اپنی سیاسی زندگی کا انھوں نے آغاز کیا تھا۔ جن کو نمونہ بنا کر ابتدائی دور میں "مسلم گوکھلے" بننے کے وہ آرزومند رہے تھے۔ حسرت کی مخالفت ان کی انتہا پسندی کی دین تھی، جو تلک سے ان کو ملی تھی۔ جن کی پیروی کو وہ اپنے لیے مایۂ افتخار سمجھتے تھے:

ناز ہے تیری پیروی پر حسرتؔ آزاد کو

جناح کی اعتدال پسندی گاندھی جی کی مخالفت میں ان کو زیادہ دور نہ لے جا سکی اور جلد ہی وہ میدان چھوڑ گئے۔ لیکن حسرت دوسری مٹی کے بنے تھے، کئی برسوں

تک وہ اڑے رہے۔ خود گاندھی جی کو ایک موقع پر اعتراف کرنا پڑا کہ "حسرت کس غضب کے لڑنے والے ہیں!"

جناح نے ۱۹۲۱ء میں اور حسرت نے ۱۹۲۶ء میں کانگریس سے کنارہ کشی اختیار کی۔ اس کے بعد نہ تو جناح اور گاندھی ایک پلیٹ فارم پر جمع ہوئے۔ نہ حسرت اور گاندھی جی۔ جناح اور حسرت دونوں کے دلوں میں گاندھی جی کی طرف سے جو گرہ پڑ گئی تھی، وہ کبھی کھل نہ سکی بلکہ زمانہ جوں جوں گزرتا گیا، وہ مضبوط تر ہوتی گئی۔

جناح وقت شناس ہونے کے ساتھ ساتھ قیادت کی اہلیت اور تنظیمی صلاحیت کے بھی مالک تھے۔ حسرت ان صفات سے محروم تھے۔ اسی کا نتیجہ تھا کہ جناح موقع پاکر جب دوسری بار گاندھی جی کی مخالفت کے لیے میدان میں آئے تو حسرت بھی جا کر ان ہی کے جھنڈے تلے کھڑے ہو گئے۔

۱۲ مئی ۱۹۵۱ء کو بروز اتوار مولانا حسرت موہانی جہانِ فانی سے رُخصت ہو گئے۔ ظ۔ انصاری نے مولانا کی موت پر ان الفاظ کا اظہار کیا:

> "آج مجھے حسرت مرحوم بہت یاد آئے۔ بے چارے کل سدھار گئے دُنیا سے۔ ایسا مخلص آدمی بھی کم پیدا ہوتا ہے۔ اور اتنا خلوص جس میں ہو وہ بہت کم مفید رہ جاتا ہے۔ بے چارے حسرت موہانی، مخلص آدمی۔ غور کرتا ہوں تو ایسا نظر آتا ہے کہ خلوص وہیں تک اچھی چیز ہے جہاں اس کے بغیر کام نہ چلے اور جہاں اس کے بغیر کام چلتا ہو وہاں خلوص برتنا نقصان دے جاتا ہے۔ پہلی بات میں مسٹر جناح کی کامیابی کا راز پوشیدہ ہے اور دوسری بات میں حسرت موہانی کی ناکامی کا راز۔ اس راز کو مولانا ابو الکلام آزاد نے سمجھا اور جیت گئے! اسی راز کو مولانا محمد علی جوہر نے سمجھا اور جیت ہو گئے۔ خلوص دو دھاری تلوار ہے اس کا ہر وقت برہنہ رہنا خطرناک ہے۔ اس کی دُوسری دھار سے بڑے بڑے سُورما زخمی ہوئے ہیں۔ خلوص کی تاریخ میں بڑے بڑے عبرت کے مقام آئے ہیں۔ بے چارے حسرت، مخلص آدمی ــــ"

گھنے جنگل کی سنہری دہلیز

سروجنی نائیڈو

سروجنی نائیڈو کا ذکر کرتے ہوئے اور اس کی شاعری پر اپنے خیالات کا اظہار کرتے ہوئے ایک بات جو بڑی واضح طور سے ذہن میں آتی ہے وہ یہ ہے کہ سروجنی بچپن سے لے کر آخری عمر تک خواب دیکھتی رہی۔ یہ خواب اس نے جب بھی دیکھے جب وہ حیدرآباد میں اپنی ابتدائی زندگی کے سال گذار رہی تھی۔ اسے اپنے والد اگھورناتھ چیٹرجی اور اپنی ماں وردا سندری کا بھرپور پیار اور رہنمائی نصیب تھی۔ مجھے ایسا لگتا ہے کہ سروجنی نائیڈو تمام عمر خوابوں کی خوش رنگ تتلیوں کا تعاقب کرتی رہی اور وہ تتلیاں اس کے ہاتھ نہ آسکیں۔ محرومی اور کرب کا یہ احساس اس کی ساری ابتدائی نظموں میں ملتا ہے۔ ایک نظم جو اس کی شاعری کے اس بنیادی پہلو کی عکاسی کرتی ہے اس کا عنوان ہے "خواب کا گیت" اور یہ نظم اس نے اس وقت لکھی تھی جب اس کی عمر صرف ۱۷ برس کی تھی۔ اس نظم کو پڑھیے اور اندازہ لگایئے کہ کیا سروجنی نائیڈو زندگی بھر خوابوں کے جنگل میں نہیں بھٹکتی رہی اور کیا وہ صداقت اور امن کے بہتے ہوئے چشمے کے کنارے اپنی پیاس بجھانے کی کوشش میں مصروف نہیں رہی! اس کی اس تمام تگ و دو میں ایک ایسی منزل آگئی جب اسے بڑی تلخی سے یہ احساس ہوا کہ اس کی پیاس بالکل ہی نہیں بجھی تھی اور وہ ایک مدت تک سرابوں کا ہی تعاقب کرتی رہی تھی:

ایک بار رات کو خواب میں، میں اُٹھ کھڑی ہوئی
ایک طلسماتی جنگل کی روشنی میں، میں تنہا کھڑی تھی

رُوح کی گہرائیوں میں اُتر جانے والی نظریں نے سب طرف دوڑائی
پرندے گیت گا رہے تھے، صداقت کے، روحانی گیت
ستاروں کی روشنی میں محبت کی رُوح جگمگا رہی تھی
اور بہتے ہوئے چشمے امن کے نقیب تھے۔
اس طلسماتی جنگل میں، اس خوابوں کی سرزمین پر
اس طلسماتی جھُنڈ کی روشنی میں بالکل اکیلے
مَیں نے محبت کے ستاروں کو
اپنی لطیف دوشیزگی کے گرد روشن دیکھا
اور مَیں نے صداقت کی رُوحوں کا نغمہ سُنا
اور پھر امن کے اس بہتے ہوئے چشمے سے
اپنی پیاس بجھانے کو مَیں سرنگوں ہو گئی
اس طلسماتی جنگل میں، اس خوابوں کی سرزمین پر

سروجنی کا لڑکپن حیدر آباد میں گذرا تھا جو ان دنوں ہندو مسلم کلچر کی بھرپور نمائندگی کرتا تھا۔ اس لیے اس کی شخصیت پر بہت عرصہ تک حیدر آباد کے کلچر کا بہت گہرا اثر رہا۔ اس نے ایک جگہ خود اس بات کو تسلیم کیا ہے کہ اس کی شروع کی ساری یادیں حیدر آباد کے مسلمان مرد اور عورتوں کے ساتھ وابستہ رہیں اور اس کے کھیل کُود کے سب ساتھی مُسلمان بچّے اور بچیاں تھیں۔ جہاں بھی کہیں اس نے حیدر آباد کا ذکر کیا ہے اس نے حیدر آباد کے اس زمانے کی شان و شوکت اور ہندوؤں اور مسلمانوں کے خوبصورت رشتوں کی عکاسی کی ہے۔ یہ بات قابلِ ذکر ہے کہ اس زمانے میں دکن کے نظام میر محبُوب علی خاں تھے۔ جن تک سروجنی نائیڈو کی شروع کی ایک تخلیق اس کے والد اگھورناتھ چیٹرجی کی وساطت سے پہنچی تھی۔ وہ اس تخلیق سے اتنے متاثر ہوئے کہ انھوں نے سروجنی کو لندن جاکر اپنی تعلیم حاصل کرنے کے لیے وظیفہ دے دیا۔ یہ بھی کہا جاتا ہے کہ سروجنی کو انگریزی زبان سے کوئی دلچسپی نہیں تھی۔ ایک بار اس کے والد نے اس کو سزا کے طور پر اس لیے کمرے میں بند رکھا کیوں کہ سروجنی نے انگریزی بولنے

سے انکار کر دیا تھا۔ بس یہی ایک واقعہ ایسا تھا جس نے سروجنی کے دل میں یہ جذبہ پیدا کیا کہ اس کے بعد وہ انگریزی زبان کو ہی اپنائے گی اور شاعری بھی اسی زبان میں کرے گی سروجنی نے اپنی شاعری کی شروعات حیدر آباد کے ہی خوب صورت شہر سے کی جو اس زمانے میں ہندو مسلم روایات کا ایک درخشندہ سمبل تھا۔ حیدر آباد کی عکاسی کرتے ہوئے وہ لکھتی ہے:

"اس مٹیالے آسمان کو دیکھو جو کبوتر کے پوٹے کی طرح دہک رہا ہے
اس میں زمردیں اور دودھیا، ہیروں کی چنگاریاں چٹک رہی ہیں۔
اس سفید دریا کو دیکھو جو چمکتا اور کوندتا دکھائی دیتا ہے۔
جیسے شہر کے دروازوں کے ساتھ کسی نے ہاتھی دانت تراش کر رکھا ہو۔"

حیدر آباد میں لڑکیوں کی تعلیم کا معقول انتظام نہیں تھا اس لیے سروجنی کو میٹرک پاس کرنے کے لیے مدراس جانا پڑا اور اس نے بارہ برس کی عمر میں میٹرک پاس کر لیا۔ سروجنی جس کی عمر اس وقت مشکل سے سولہ برس کی تھی تعلیم حاصل کرنے کے لیے لندن چلی گئی۔ کہا جاتا ہے کہ اس کو لندن اس لیے بھی بھیجا گیا تھا کہ ڈاکٹر نائیڈو نے اس کے ساتھ اپنی محبت کا اظہار کیا تھا۔ اور اسے شادی کا پیغام بھی بھیجا تھا۔ لیکن سروجنی کے والد کو یہ بات منظور نہیں تھی۔ ہو سکتا ہے سروجنی کا انگلستان جانے کا ایک مقصد یہی رہا ہو کہ وہ اس وقت اپنے آپ کو شادی کے بکھیڑے میں نہیں ڈالنا چاہتی تھی۔ انگلستان سے واپسی کے بعد سروجنی نے شادی کر لی اور سسرال کے جس گھر میں وہ گئی اس کا نام "دی گولڈن تھریش اولڈ" تھا۔ سروجنی نائیڈو کی شاعری کی سب سے بڑی خصوصیت یہ ہے کہ اس نے انگریزی زبان میں مشرقی کلچر کی عکاسی کی ہے۔ خاص طور سے ہندوستان کی۔ ہندوستانی بنکروں کا ذکر کرتے ہوئے اس نے ایک بہت ہی خوبصورت نظم لکھی۔ اس نظم کا ایک حصہ دیکھیے:

دن نکل آیا ہے اور بنکر کپڑا بننے میں مشغول ہیں
بنکر! تم اتنی شوخ پوشاک کیوں بنتے ہو؟
جیسے ہالیسون نے سمندر کی نیلی موجوں اور ہواؤں کو پرسکون کر دیا ہو
ہم نوزائیدہ بچّے کی چادر بُن رہے ہیں!

بُنکر! رات کے وقت تم اتنی چمک دار پوشاک کیسے بُن لیتے ہو؟
مور کے پنکھوں کی طرح ارغوانی اور سبز
ہم ایک ملکہ کی چادر بُن رہے ہیں!
بُنکر! اتنی سنجیدگی اور سکون کے ساتھ
چاندنی رات کی ٹھنڈ میں تم کیا بُن رہے ہو؟
پروں کی طرح سفید اور بادلوں جیسی دودھیا
ہم ایک مُردے آدمی کا کفن بُن رہے ہیں!

"دی گولڈن تھریشولڈ" ۱۹۰۵ء میں چھپی اور اس پر بہت ہی خوبصورت تبصرے شائع ہوئے۔ نتیجہ یہ ہوا کہ اس کتاب کے چھپنے کے بعد لوگوں نے سروجنی نائیڈو کو "بُلبلِ ہند" کے نام سے یاد کرنا شروع کر دیا۔ سروجنی نائیڈو نے عورتوں کی آزادی کے لیے بھرپور کام کیا۔ اس موضوع پر شاعری بھی کی اور تقریریں بھی کیں۔ اس نے اس بات پر زور دیا کہ عورتوں پر زیادتی کا علاج وہ خود ہی ڈھونڈیں اور پابندیوں کی دیواروں کو توڑ کر باہر نکل آئیں۔ عورتوں کی آزادی کے لیے سروجنی نائیڈو کی خدمات کے کارن ہی ۱۹۱۷ء میں اسے اس ڈیلیگیشن کا لیڈر چُنا گیا جس نے لارڈ مونٹے گو سے ملاقات کی تھی۔ ۱۹۲۶ء میں ہونے والی آل انڈیا وی من کانفرنس کا آغاز کرنے والی بھی یہی پُروقار خاتون تھی۔

"دی گولڈن تھریشولڈ" کے تقریباً سات سال کے بعد سروجنی نائیڈو کا دوسرا شعری مجموعہ چھپا جس کا نام "دی برڈ آف ٹائم" تھا۔ اس کتاب کا عنوان رکھنے میں وہ عمر خیام سے متاثر نظر آتی ہے۔ جس نے وقت کے بارے میں اپنے خیالات کا اظہار کرتے ہوئے کہا تھا:

"وقت کے طائر کو خلا کی پنہائیوں میں پرواز کرنا ہی ہے۔ وہ دیکھو
اس پرندے کے بازو کھُلے ہوئے ہیں۔"

پانچ سال بعد ہی سروجنی نائیڈو نے اپنا تیسرا مجموعۂ کلام شائع کیا جس کا عنوان "دی بروکن وِنگ" تھا۔ دی بروکن ونگ کا انتساب اس نے اس طرح کیا:

"آج کے خواب اور کل کی اُمید کے نام۔"

بس "بروکن ونگ" کے بعد اس کی شاعری کے پر بھی ٹوٹ گئے۔ اس کے بعد سروجنی نائیڈو نے باقاعدہ شاعری نہیں کی اور اپنے آپ کو گوکھلے اور گاندھی کی راہ نمائی کے حوالے کر دیا۔ اس کے بعد اگر ہم سروجنی نائیڈو کی زندگی کا جائزہ لیں تو وہ ہمیں ایک سیاسی راہ نما کی حیثیت سے نظر آتی ہے۔ یہاں تک کہ دسمبر ۱۹۲۵ء میں سروجنی نائیڈو کانگریس کے کانپور کے اجلاس میں صدر منتخب ہوئی۔ اس زمانے میں کسی خاتون کا آل انڈیا کانگریس کا صدر منتخب ہونا بالکل نئی بات تھی۔ سیاست نے خوبصورت خواب دیکھنے والی ایک تخلیق کار کی آنکھوں کے سامنے نت نئے مسئلوں کی چادر تان کر اس سے اس کے خوبصورت خواب چھین لیے۔

میرا چونکہ مقصد سروجنی نائیڈو کی سیاسی زندگی کو سامنے لانا نہیں بلکہ اس کی شاعری کو سامنے لانا ہے، اس لیے میں سروجنی نائیڈو کی ان اچیومینٹس کا ذکر نہیں کروں گا جو اس نے سیاست کے میدان میں حاصل کیں۔ میں صرف اس کی شاعری کی بات کروں گا جس کے بارے میں ایک مغربی نقاد نے کہا تھا کہ "وہ کاغذ پر یادگار جملوں کو ستاروں کی طرح بکھیر کر رکھ دیتی ہے لیکن وہ اس بات سے بھی بخوبی واقف ہے کہ کسی نظم کو خوبصورتی کے ساتھ ختم کرنے کے لیے اپنے پاس کیا بچا کر رکھنا چاہیے۔" ایک اور نقاد نے سروجنی نائیڈو کی شاعری کے بارے میں مندرجہ ذیل الفاظ کہے تھے:

> "سروجنی نائیڈو کی نظموں کی فضا ہندوستان کی ہے لیکن ان میں ایک ایسا بنیادی عنصر بھی موجود ہے جو اس بات کی شہادت دیتا ہے کہ اعلیٰ شاعری مشرق یا مغرب کے حدود سے آزاد ہوتی ہے۔"

سروجنی نائیڈو نے اپنی تحریروں میں اپنے ماحول اور ارد گرد کی فضا کا بھرپور استعمال کیا ہے۔ اور اس میں وہ ویسی ہی کامیاب رہی ہے جیسا کہ کسی شاعر کو اپنی اس کوشش میں ہونا چاہیے۔ لیکن یہ بات ضرور ہے کہ سروجنی نائیڈو کے گیتوں اور تقریروں میں اَن کہی ادھورے خوابوں کا رنگ نظر آتا ہے، جن رنگوں کی دہلیز پر کھڑے ہو کر وہ زندگی بھر خوابوں کے گھنے جنگلوں کا نظارہ کرتی رہی۔ بچپن سے لے کر آخری عمر تک سروجنی کی نظموں اور تقریروں

میں رُوح کی ایک بھرپور پکار ہے جو ہر لمحہ یہ الفاظ دُہراتی نظر آتی ہے :

ہمارے ہاتھ کمزور تھے لیکن پھر بھی
ہم نے سلیقے سے فرض ادا کیا
ہم نے اندھیروں میں اُجالوں کے خواب دیکھے
ہم نے موت کے سے سکوت میں بھی
کل کی مسرت کے لیے جدوجہد کی
اور اپنے غم کے آنسوؤں سے
تمھاری کھیتیوں کو سیراب کیا
ہم نے تمھاری بیداری کی پُرمسرت گھڑی کے لیے
سخت محنت کی
ہماری نگہبانی کا دَور ختم ہُوا
وہ دیکھو صبح کی کرن پھوٹ رہی ہے۔

لیلیٰ کا عاشق
قاضی عبدالغفّار

قاضی عبدالغفار کے "لیلیٰ کے خطوط" کتابی شکل میں غالباً سن ۱۹۳۲ء میں چھپے تھے یہ اندازہ اس لیے لگا رہا ہوں کہ کتاب کے مقدمے کے نیچے ۴؍ دسمبر ۱۹۳۲ء کی تاریخ درج ہے۔ مقام لکھنؤ ہے۔ کتاب کو شائع نرگس پبلشنگ ہاؤس، میرٹھ نے کیا تھا۔ مَیں ان دنوں آٹھویں جماعت کا طالب علم تھا لیکن یہ کتاب مَیں نے آٹھ سال کے بعد پڑھی، جو سال پرنس آف کالج جموں میں پڑھائی کا میرا آخری سال تھا، اور اب میں اس کتاب کے بارے میں پچاس سال کے بعد بات کر رہا ہوں۔ مَیں اس تمہید کے پس منظر میں دو تین اہم پہلوؤں کی طرف اشارے کرنا چاہتا ہوں۔

پہلا یہ کہ "لیلیٰ کے خطوط" کا تاثر، جنھیں مَیں نے پچاس سال پہلے پڑھا تھا آج بھی میرے ذہن میں محفوظ ہے اور شاید اسی کارن مَیں نے اس سیمینار میں مختصر سی باتیں کرنے کے لیے اپنا موضوع "لیلیٰ کے خطوط" تجویز کیا تھا۔ مجھے خلیق انجم کا شکریہ ادا کرنا ہے کہ اس نے مجھے اس کتاب کی زیراکس کاپی مہیا کروا کر میرا کام آسان کر دیا ورنہ یا تو مجھے موضوع بدلنا پڑتا یا پھر اس سیمینار میں شرکت کے لیے معذرت پیش کرنی پڑتی۔

دوسرا پہلو یہ ہے کہ آج سے لگ بھگ ساٹھ برس پہلے، جب یہ خطوط لکھے گئے تھے (اور نیرنگ خیال لاہور میں قسط وار شائع ہوئے تھے) سماج میں عورت کی وہی پوزیشن تھی جو آج ہے۔ ہندوستان کی کُل آبادی کے آدھے حصے کی حالت میں، اتنا فرق تو ضرور ہوا

ہے کہ اب اسے "کمزور طبقے" کا نام دے دیا گیا ہے۔ یعنی مرد آج بھی طاقتور ہی ہے۔ مرد کی فوقیت کم ہونے کے بجائے زیادہ تہہ دار اور پیچیدہ ہو گئی ہے۔

تیسرا پہلو یہ ہے کہ جس زمانے میں یہ خطوط لکھے گئے تھے بازاری عورت کو بڑی حقارت کی نظر سے دیکھا جاتا تھا اور دن کے اُجالے میں مرد اس کے کوٹھے پر جانے کی جرائت نہیں کرتا تھا۔ اب کوٹھے اُجڑ گئے ہیں لیکن ان کی جگہ کوٹھیوں نے لے لی ہے۔ وہ کام جو رات کے اندھیرے میں کرنا بھی گناہ سمجھا جاتا تھا آج دن کے اُجالے میں بڑی بیباکی اور کھلے پن سے کیا جاتا ہے اور اسے اُونچی سوسائٹی کا ایک SOPHISTICATED انداز سمجھا جاتا ہے۔ ان خطوط کا ایک اور اہم پہلو یہ ہے کہ جس زمانے کی میں بات کر رہا ہوں، اس زمانے میں نوجوان طبقے میں یہ خطوط بیحد مقبول تھے۔ ہندی ادب میں دلچسپی رکھنے والے بھی قاضی صاحب کی طرزِ نگارش سے بہت متاثر ہوئے چنانچہ پانڈے بچن شرما اگر نے جو ہندی کے ایک جانے پہچانے ساہتیہ کار تھے "چند حسینوں کے خطوط" کے عنوان سے ایک کتاب لکھی جو ہندی جاننے والے لوگوں نے بڑے دھڑلے سے خریدی اور اس کے کئی ایڈیشن شائع ہوئے۔

مَیں نے قاضی عبدالغفار کی صرف دو ہی کتابیں پڑھی ہیں۔ ایک "لیلیٰ کے خطوط" اور دوسری "مجنوں کی ڈائری"۔ کاش مجھے دوسری کتاب بھی کہیں سے دستیاب ہو جاتی تو میں ان دونوں کتابوں کے بارے میں بات کر سکتا۔ دراصل یہ دونوں کتابیں ایک دوسرے کو SUPPLEMENT کرتی ہیں۔ لیلیٰ کے بارے میں مجنوں کا ذکر کیے بغیر کچھ کہنا، ایک ایسا افسانہ لکھنے کے مترادف ہے، جس کا عنوان، مرکزی خیال، آغاز تو سب دل آویز ہو لیکن کلائمکس کمزور ہو گیا ہو۔ بات تو ساری کلائمکس ہی کی ہے چاہے وہ افسانے کا ہو چاہے انسانی زندگی کا۔

قاضی عبدالغفار کی یہ تخلیق نہ افسانہ ہے نہ ناول۔ اس لیے اس کی پرکھ کے لیے کچھ نئے قسم کے اصول وضع کرنے ہوں گے۔ قاضی صاحب نے کتاب کے مقدمے میں خود اس امر کی طرف اشارہ کیا ہے:

"مجھ پر ظلم ہوگا اگر ان صفحات کو ناول یا افسانہ سمجھ کر پڑھا گیا۔ حقیقت یہ ہے کہ اس کاغذی پیرہن میں، خراب آباد ہندوستان کی نسوانی زندگی کے چند نقوش پیش کرنے کی کوشش کی گئی ہے کہ اگر اس بدنصیب ملک میں کچھ لوگ ان نقوش کے معنی سمجھ سکیں تو سمجھ لیں اور یہ بھی سمجھ لیں کہ جس وقت تک ہندوستان کی عورت کے ساتھ پورا انصاف نہ کیا جائے گا سیاسی آزادی اور قومی ترقی کا ادعا محض حرف غلط رہے گا۔

"لیلیٰ کے قلم سے جو خطوط لکھوائے گئے ہیں ان کا یہ مجموعہ نہ انشا پردازی کی مشق ہے نہ زورِ قلم کا مظاہرہ ہے بلکہ ان خطوط میں وہ جو دیکھ سکتے ہوں، ان کے لیے لیلیٰ کا تبسم ایک فوارۂ خون، اس کی بذلہ سنجی ایک فریاد، اور اس کی ظرافت ایک دکھی پکار ہے! اس کی شوخیوں میں اس کے دل کا درد مستور ہے، اس کی شرارتوں میں اس کی جراحتیں پوشیدہ ہیں۔ لیلیٰ کی زندگی کا فلسفہ اس قدر نفرت انگیز نہیں جس قدر درد انگیز ہے! وہ ہنس ہنس کر اپنے ان زخموں سے کھیلتی ہے جو اس کے وجودِ معنوی پر ناسور بن کر رہ گئے ہیں! اپنی مختصر داستان میں وہ اپنی ان لاکھوں بہنوں کی روئدادِ زندگی بیان کرتی ہے جو اس ملک میں مردوں کی نفس پرستی پر قربان کی جاتی ہیں۔ لیلیٰ کی زندگی کا ہر نقش فریادی ہے۔"

لیکن ان باون خطوط کو پڑھ کر، جنھیں اس کتاب میں یک جا کیا گیا ہے اور جو ایک عورت نے (جو اپنے آپ کو ایک عصمت فروش کے علاوہ کچھ نہیں سمجھتی) دو سال کے دوران تھوڑے تھوڑے وقفوں کے بعد، اپنے ایک گاہک کو لکھے ہیں، ایک کہانی مرتب کی جا سکتی ہے۔ کہانی کا لوکیل واضح نہیں ہے۔ لیکن لگتا ہے کہ یوپی کے کوئی سے دو شہر ہیں، جہاں اس وقت عصمت فروشی کے اڈے باقاعدہ موجود ہوں گے۔ لیلیٰ (جس کا اصلی نام کہیں بھی ظاہر نہیں ہوتا) ایک پڑھی لکھی لڑکی ہے، جسے بائیس سال کی عمر میں محبت کا پہلا نشہ آور تجربہ ہوتا ہے۔ اس کی دوستی ایک تعلیم یافتہ نوجوان ممتاز سے ہو جاتی ہے جو اسے اپنی ہوس کا شکار بنا کر آخر اسے چھوڑ جاتا ہے۔ جب کوئی دو سال کے بعد لیلیٰ کو اس کے بارے میں معلومات حاصل ہوتی ہیں، اس وقت وہ مجسٹریٹ کی کرسی پر براجمان ہے۔ لیلیٰ کا ممتاز

کے بعد کن کن مردوں سے واسطہ پڑا اور وہ ایک شریف زادی سے ایک طوائف کیسے بنی، خطوط میں اس نے اس قسم کی تفصیلات کا کہیں ذکر نہیں کیا۔ لیلیٰ نے اپنے ان خطوط میں بنا کسی کا نام لیے ان مردوں کی کیٹی گریز کا کھل کر ذکر کیا ہے، جن میں بیشتر تعداد ان مردوں کی ہے، جو شادی شدہ ہیں اور اس کے کوٹھے پر صرف جنسی تسکین کے لیے آتے ہیں۔ لیکن اس حقیقت سے لگاتار انکار کیے جاتے ہیں کہ وہ صرف اس کے حُسن کے گاہک ہیں۔ اس گروہ کا ہر آدمی لیلیٰ کو نکاح کے لیے کہتا ہے تاکہ وہ اس کی ذاتی ملکیت بن جائے۔ وہ ایسے مردوں کا مذاق اڑاتی ہے اور ان کی ملکیت بننے سے انکار کر دیتی ہے۔ اس نے تیئیسویں خط میں اس نئے عاشق کے لیے (جس کا نام کہیں بھی موجود نہیں ہے) جو بار بار نکاح کا پیغام لے کر اس کے پاس آتا ہے، اپنے عاشقوں کی ایک فہرست مرتّب کی ہے، جو مختلف اوقات پر اس کے پاس آتے رہے ہیں اور اسے نکاح کا پیغام دیتے رہے ہیں۔ اس خط کا ایک اقتباس دیکھیے۔ اقتباس کو میں اور بھی مختصر کر رہا ہوں:

> "کل توازن والا خط ختم نہ کر پائی۔ ایک پُرانے جاننے والے تشریف لے آئے تھے اور میں ان کے توازن کا امتحان لینے میں مصروف رہی! اس سلسلے میں مجھے اپنے عاشقوں کی ایک فہرست یاد آئی جو کچھ عرصہ ہوا میں نے مرتّب کرنی شروع کی تھی، ایک دن شام کو سخت بارش ہو رہی تھی۔ عاشقانِ جانباز اپنے گھروں میں سیلے ہوئے پڑے تھے، میں تنہا بیٹھی تھی، اسی زمانے میں میرے ایک فدائی نکاح کا پیام لے کر صبح و شام آیا کرتے تھے، بیٹھے بیٹھے میں نے سوچا کہ دُنیا میں چھوڑ ہی کیا جاؤں گی' لاؤ نکاح کے پیاسوں کی ایک فہرست مرتّب کروں تاکہ میرے مرنے کے بعد ان موذیوں اور بیوقوفوں کو آج میرے وجود پر طعنہ زن ہوتے ہیں اور اپنی جنس کی بلند مقامی پر ناز کرتے ہیں۔ یہ تو معلوم ہو کہ ان ہی کی بلند مقام جنس کے کتنے افراد عالی مقام اپنی سوسائٹی کے خود ساختہ اصولوں پر لات مار کر مجھے نکاح کا پیام دیا کرتے تھے، شاید مردوں کے غرور کو اس فہرست

سے کچھ ٹھیس لگے! تمھیں شرمانے کے لیے اس فہرست کا ایک ورق نقل کرتی ہوں۔ اصلی ناموں سے تم کو کچھ غرض نہیں، صفات کے متعلق اگر میرے مختصر اشاروں سے لطف اندوز ہو سکو تو سمجھوں گی کہ تمھارے اندر عقل کی ایک رمق باقی ہے۔ بقدر اشک بُلبُل، ناموں کے بجائے صرف نمبر لکھتی ہوں۔ ان ہی نمبروں میں کہیں تمھارا نام بھی ہوگا!

یہ لیلیٰ کا خاتمۂ کلام ہے' اس کے ان عاشقوں کی یہ فہرست جو اس کو نکاح کا پیام دیا کرتے تھے، ان مکار مردوں کے لیے ایک عبرت انگیز ورقہ ہے جو عورت کو بدنام کرکے اپنی جنس کا تفوق ثابت کیا کرتے ہیں۔ خود لیلیٰ نے مرتب کی۔ لیلیٰ بنت لیلیٰ بنت لیلیٰ' پیشہ عصمت فروشی وطن ہندوستان ۔ سمجھ دار زود فہم، چالاک، ذہین، شریر، بدمعاش، حرآفہ ۔ ۲۲ برس کی بڑھیا کھوسٹ ۔ آج بتاریخ ۱۹۳۱ء بمقام ۔ قلمبند کی گئی۔ تاکہ بعد وفات راقمہ ان نکاح کی خواہش کرنے والے عاشقوں کے لیے سند ہو!

۱۔ عورتوں کا شکاری ہمیشہ صبح کے وقت آتا ہے۔ جب میری حرارت غریزی کم ہوتی ہے اُمید کرتا ہے کہ کسی نہ کسی دن میرے کسی کمزور لمحے میں جیت جائے گا۔

۲۔ ڈیڑھ سو گھوڑوں کی طاقت والا عاشق! کو ٹھے کے زینے پر بھاری قدم اس طرح ڈالتا ہے کہ گویا پولیس کا سب انسپکٹر تلاشی کا وارنٹ لے کر آ رہا ہے۔ حملہ براہ راست اور بخط مستقیم کرتا ہے' میرے دو چار طمانچوں' دس بیس گالیوں سے ذرا افسردہ خاطر نہیں ہوتا۔ کھائے جاتا ہے اور اپنی کہے جاتا ہے!

۳۔ سُور کی طرح سر جھکا کر سیدھا حملہ کرتا ہے' جھونک غضب کی ہوتی ہے۔ اس کے راستے سے ذرا ہٹ جاتی ہوں تو اپنی جھونک میں گذرتا چلا جاتا ہے' رُک نہیں سکتا۔ اسی طرح اس کے حملوں سے ہر دفعہ بچتی ہوں!

۴۔ دیوانہ بیل ہے۔ سر جھکائے، دم اٹھائے منہ سے جھاگ گراتا ہوا آتا ہے، کھال بہت موٹی ہے!

۵۔ جرأتِ رندانہ کا بہت بڑا ذخیرہ رکھتا ہے۔ ایک دفعہ موٹر میں اس کے ساتھ ہوا کھانے گئی۔ عہد کر لیا کہ آئندہ فولادی زرہ بکتر پہنے بغیر ہرگز نہ جاؤں گی!

۶۔ بلّی کی سی چمکتی آنکھیں جو اندھیرے میں زیادہ چمکتی ہیں، دبے پاؤں آتا ہے، نرم کھال کے اندر نوک دار پنجے چھپائے ہوئے اس طرح کونے میں آنکھیں نیچی کر کے بیٹھتا ہے جیسے بلّی چوہے کے انتظار میں!

۷۔ رات بھر تاش کھیلتا ہے۔ سگریٹ پیتا ہے۔ صبح کو اخبار کا لیڈنگ آرٹیکل لکھتا ہے اور دوپہر کے بعد پھر میرے عشق میں مبتلا ہو کر اور بھی زیادہ سگریٹ پیتا ہے اور بھی زیادہ تاش کھیلتا ہے۔

۸۔ بیمار ہے۔ بیچارہ! حکیم صاحب کے مطب سے اُٹھ کر سیدھا میرے پاس آتا ہے۔ مجھے دیکھتے ہی ضیق النفس کا دورہ پڑتا ہے اور واپس چلا جاتا ہے!

۹۔ میں اس سے عمر میں ایک ہزار برس بڑی ہوں! پیدا ہونے سے پہلے بلکہ اپنے باپ کے پیدا ہونے سے پہلے مجھ پر عاشق ہو چکا تھا۔

۱۰۔ مالدار، بھدا، بوڑھا، مثنوی زہرِ عشق اور گلزارِ داغ کے اشعار پڑھ پڑھ کر روتا ہے!

۱۱۔ نمبر۱۰ سے مالدار زیادہ بھدا کم، ایک زوجۂ محترمہ کا فی الحال بلا شرکت غیرے مالک! نکاح ثانی کی تمنا ہے۔ دس بارہ بچے پیدا کر چکا ہے۔ دس بارہ اور میری گود میں پیدا کرنا چاہتا ہے!

۱۲۔ باتونی! مرتا ہے اور زندہ ہے! نکاح بھی کرنا چاہتا ہے اور جب تک میں نکاح پر راضی نہ ہوں ناجائز تعلقات سے بھی دست کش ہونا نہیں چاہتا۔

ہر حال میں مجھے چھوڑنا نہیں چاہتا۔ ضدی، مکھی کی طرح ہر وقت میرے کانوں میں بھنبھنایا کرتا ہے!

۱۳۔ بہت مہذب، معقول، سنجیدہ، علمی مذاق رکھتا ہے! فلسفۂ جنسیت کا بہت مطالعہ کرتا ہے۔ مجھے بھی عورت اور مرد کے تعلقات کے متعلق ضروری مسائل سمجھاتا رہتا ہے۔!

۱۴۔ قوم کا لیڈر ہے! شام کو جلسوں میں لکچر دیتا ہے، رات کو کھدر کا لباس پہنے میرے گھر آتا ہے، زنان بازاری میں قومی جذبات پیدا کرنے کی ضرورت شدت کے ساتھ محسوس کرتا ہے۔ اپنی عشق بازی کے ذریعے سے مجھے بھی قوم پرست بنانے کی کوشش کرتا رہتا ہے۔

۱۵۔ سُرخ، کبھی سپید، کبھی بھورا — اُلو — رنگ بدلتا رہتا ہے۔ دن بھر گھر میں لیٹا ہوا طلسم ہوشربا پڑھا کرتا ہے، رات کو میرے بالاخانے پر آکر بولتا ہے۔ تھوڑی سی افیون بھی کھاتا ہے!

۱۶۔ حضرت مولانا! کوٹھے پر نہیں آتے — پیام بھیجا کرتے ہیں۔ میرے سَر میں درد کی خبر سُنتے ہیں تو تعویذ بھیج دیتے ہیں۔ بظاہر اور فی الحال پدرانہ اور بزرگانہ شفقت فرماتے ہیں۔ اکثر میری موجودہ حالت پر اظہار افسوس فرمایا کرتے ہیں، سُنا ہے کہ مجھے نکاح پر آمادہ کرنے کے لیے وظیفہ یا کوئی عمل شروع کرنے والے ہیں۔

۱۷۔ بی۔اے۔ ایل ایل بی خوش رو، خوش پوشاک، جوش عشق کا اظہار زبان سے کم مگر قلم سے بہت زیادہ کرتا ہے۔ آدمی بُرا نہیں ذرا بے وقوف ہے۔ عاشق بنتے بنتے اب وہ خاوند بننا چاہتا ہے بڑھتا آتا ہے! میں ہٹتی جاتی ہوں۔ وہ بڑھتا آتا ہے۔ ڈرتی ہوں کہیں پھنس نہ جاؤں، پیچھے دیوار ہے۔ سامنے وہ ہے، وہ بڑھتا ہی رہے گا، تو میں کہاں تک ہٹ سکوں گی۔ مجھے بھاگ جانا چاہیے!"

خط میں لیلیٰ نے مردوں کی سترہ کیٹی گریز بیان کی ہیں۔ آخری نمبر اس نوجوان کا ہے جسے یہ تمام خط لکھے گئے ہیں۔

لیلیٰ اب پیشے کے لحاظ سے ایک بازاری عورت ضرور ہے لیکن اس کا شعور بڑا سلجھا ہوا ہے۔ اپنے بارے میں وہ بار بار لکھتی ہے کہ وہ ایک حسن فروش فلسفی ہے۔ ملاحظہ کیجیے:

"شام بستر کی چادر اور تکیوں کے غلاف سب بدلوا دیے تھے۔ تم نے ایک روز خوب کہا تھا کہ اس بستر پر تم قسم قسم کے عشق مرکب کی بو آتی ہے! کبھی کبھی خوب کہتے ہو، ظریف ہو مگر حیف کہ فلسفی نہیں۔ عاشق کو فلسفی ضرور ہونا چاہیے۔ غرضیکہ اس عشق مرکب سے گھبرا کر شام میں نے بستر بدلوا دیا تھا۔ ہائے تمھیں معلوم نہیں کہ اس بستر کا ہر تار کس قدر آلودہ ہے۔ تمھیں معلوم ہوتا تو میرے بستر پر کبھی قدم نہ رکھتے۔ میرے بستر کے تکلفات کو دیکھ دیکھ کر تم کیسے کیسے پیچ و تاب کھاتے ہو، گویا کہ چادر کی ہر شکن میں تمھارا ایک رقیب پوشیدہ ہے اور سچ تو یہ ہے کہ یہ کچھ غلط بھی نہیں! مگر تم ان احمقوں کو کیا کہوگے جو اس بستر پر آرام کرنے کے لیے مرے جاتے ہیں۔ گویا کہ وہ دوسروں کا منہ کالا دیکھ کر رشک کرتے ہیں کہ ان کا منہ کالا نہ ہوا۔"

قاضی عبدالغفار نے لیلیٰ سے سماج پر بڑے گہرے طنز کروائے ہیں اور طنز کے حملوں کے لیے خاص طور پر مرد کو چنا ہے جو زندگی کے ہر شعبے میں اپنی فوقیت کا اظہار کرتا ہے۔ طنز کا تیکھا پن دیکھیے۔

سولھویں خط سے ایک اقتباس ہے:

"خدا کی پناہ! موسیقی نے، جو دیوتاؤں کا جادو ہے، اس کو بھی ہوس پرست مرد نے اپنے نفس کی جائداد بنا لیا ہے، وہ بازاری عورت کے حسن کی خوشہ چینی کرنے کے لیے موسیقی کا نام درمیان میں لاتا ہے۔ مگر موسیقی

کا کیا ذکر وہ تو اپنی نفس پرستی میں بلا تکلف خدا کا نام بھی درمیان میں لاتا ہے۔ کسی نئی اور حسین عورت کو پہلو میں بٹھانے کی خواہش ہوتی ہے تو کہتا ہے خدا نے چار بیویوں سے نکاح کی اجازت دی ہے۔ گویا خدا نے اجازت دی ہے کہ تم میرا نام لے کر عیاشی کر سکتے ہو؟ غرضیکہ موسیقی اور فنونِ لطیفہ تو کجا مرد کی ہوس ناکیوں نے تو خدا اور پیغمبر کے نام کو بھی آلودہ کیے بغیر نہ چھوڑا۔"

"بس یاد رکھو کہ ایک عورت ایک مرد کے لیے کافی سے زیادہ ہے! کاذب اور مکار ہے وہ شخص جو اپنی بے لگام نفس پرستی اور تعداد ازدواج کے لیے یہ دلیل لاتا ہے کہ ایک مرد کو ایک عورت کافی نہیں۔ ایک ذلیل اور بازاری عورت کو اگر خودستائی اور پندار کا طعنہ نہ دو تو میں کہوں کہ میں اب بھی ان لوگوں سے بالاتر ہوں جن کی تسبیح کے دانوں میں دل کی سیاہی جذب ہو چکی ہے۔ میں صرف مردوں کی نفس پرستی کا ذریعہ اور اپنی معاش کا وسیلہ ہوں۔ خود نفس پرست نہیں ہوں اور کبھی مجھ پر کوئی ساعت ایسی گذرتی ہے تو میرے پاس قلم نہیں اور زبان نہیں کہ اس لمحہ کی حالت تم کو بتا سکوں۔"

رہنماؤں پر طنز کرتے ہوئے دسویں خط میں لیلیٰ نے یوں کہا ہے:

"اس زمانے میں قومی لیڈری کے لیے صرف ایک لمبی زبان اور بڑے نقارے کی ضرورت ہے جو کوئی کچھ عرصہ تک اخباروں میں چھپتا رہے وہ بڑی آسانی سے لیڈر قوم بن جاتا ہے۔ تم بھی اگر کہیں چھپ جاؤ تو رہنمائے ملت ہو جاؤ گے، یہ انقلابِ جنسیت کچھ مشکل نہیں، مطبع کی سیر آدھ سیر سیاہی اور دو چار پتھر، ان دونوں کا مرکب لیڈر ہوتا ہے اگر ہندوستان کے بزرگانِ ملت میں سے کوئی صاحب اپنی سارنگی میں ایک تار کا اضافہ کرنا چاہیں تو میں ان اوراق کا حقِ تصنیف ان کی نذر کر سکتی ہوں۔"

اسی خط میں گُناہ کی تشریح یوں کی ہے قاضی صاحب نے:

"کبھی تم نے یہ بھی سوچا ہے کہ گُناہ کس کو کہتے ہیں؟ گُناہ اُس بُرے عمل کو کہتے ہیں جو چھُپا نہ رہے اور ظاہر ہو جائے، جو گُناہ چھُپا رہے وہ گُناہ نہیں ہے! تمھارے اخلاقی دستور العمل میں رُسوائی گُناہ ہے، گُناہ اگر راز ہو تو اس کا جواز ثابت کیا جا سکتا ہے۔ اگر جذام کے داغ لباس کے نیچے چھُپے ہوں تو تم ہرگز جذامی نہیں ہو۔ عیب تو صرف وہ ہے جو ظاہر ہو جائے، تمھارے اخلاق کی عمارت کا سب سے بڑا ستون اخفا ہے۔ لیکن مرد اپنی زندگی کے اس دائمی فریب سے قطع نظر کر لیتا ہے اور عورت کی مکاری اور عیاری کی داستانوں سے دُنیا کے کان بھر دیتا ہے، شاید تمھیں بھی میرے ہر لفظ سے بُو نے مکر آئے گی۔"

لیلیٰ کی زندگی میں ایک موڑ ایسا آجاتا ہے جب تنہائی کا تلخ احساس اس کی رُوح پر پھڑکنے لگتا ہے اور اس کا تمام ماضی زندہ ہو کر اس کے سامنے آجاتا ہے۔ احساس کی یہ کربناکی ملاحظہ کیجیے:

"رات میری خواب گاہ میں کوئی نہ تھا۔ مگر ایک شمع جو فرش پر رکھی ہوئی جل رہی تھی۔ کچھ سوچتے سوچتے میری نظر اس شمع پر پڑی نظر پڑی اور وہیں جم گئی۔ میں اس حالت میں تھی کہ نہ سو رہی تھی۔ آنکھیں جھپک رہی تھی مگر دماغ ہوشیار تھا۔ کمرے کی تاریکی میں شمع کی لَو گویا سیاہ چادر کا ایک شگاف تھا، ایک حلقۂ تصویر تھا۔ جس سے باہر کی روشنی نظر آرہی تھی۔ اس روشنی میں کچھ متحرک اجسام بھی تھے، ہر تصویر اس دریچہ کے سامنے سے گذرتی تھی اور میں اس کو پہچانتی جاتی تھی ــــ یہ میری استانی کا کمرہ ہے اس کے دروازے پر میں اپنی گُڑیا سنبھالے کھڑی ہوں۔ ایک حسین عورت مجھے بُلا رہی ہے وہ میری ماں ہے۔ ایک خوش رو متین اور دراز قد شخص میری طرف آرہا ہے، وہ میرا باپ ہے۔ یہ خوبصورت عمارت میرا اسکول

ہے۔ ہم کہیں جا رہے ہیں۔ ریل کا اسٹیشن ہے۔ میرے والد کے ساتھ ایک خوبرو نوجوان ہے مردانہ حسن کی ایک تصویر جو ہنوز مکمل نہ ہوئی تھی۔ یہ میرا منگیتر ہے جس کے ساتھ میری جوانی اور میرا بڑھاپا گذرنا چاہیے تھا۔ میں اس کی طرف نیچی نگاہوں سے دیکھ رہی ہوں اس کو گویا کہ دیکھ نہیں رہی میرے جسم میں ایک ناقابلِ بیان لرزہ ہے۔ آغاز زندگی کی اس لرزش کا ترجمہ قلم اور زبان کی طاقت سے باہر ہے۔ عورت کی جوانی کی وہ پہلی لرزش تھی۔ جو اس دن اسٹیشن پر میرے جسم میں پیدا ہوئی! مرد عورت کی اس کیفیت سے کبھی واقف نہیں ہوسکتا۔ شمع کی لَو بھی لرز رہی تھی۔ پھر ایک بائیس سال جوان رعنا اس دریچہ کے سامنے سے گذرا۔ یہ میرا پہلا مرد ہے۔ جس نے مجھے عورت بنایا، مگر بیوی نہ بنایا۔ جس نے مجھے میری شاخ سے پھول چن کر چند روز گلے کا ہار بنایا۔ اور پھر مسل کر بدرو میں پھینک دیا۔ جس ظالم نے میری دوشیزگی کو وہاں پہنچا دیا جہاں تم اب دیکھ رہے ہو۔ جس نے مجھے وہ بنا دیا جو میں اب نظر آتی ہوں! کھڑکی میں سے ہوا کا ایک جھونکا آیا، شمع کی لَو کانپی اور گل ہوگئی! میری آنکھ لگ چکی تھی! تاہم فانوسِ خیال کا یہ پیکر دماغ کے کسی گوشے میں، جہاں غیر کا تخیل نہیں پہنچ سکتا، کوئی ایسی تصویر چھپائے رکھتا ہے جو میری گذری ہوئی زندگی کی مکمل تصویر ہے۔ محبت کے اس محفوظ سرمایہ میں میرا کوئی شریک نہیں۔ رات میں نے شمع کی لرزتی ہوئی لَو میں پھر ایک دفعہ وہ تصویر دیکھ لی۔ گویا میں پھر اپنی پہلی زندگی میں ــــ دوشیزگی کی زندگی میں واپس چلی گئی ہوں۔ لیکن صبح کی روشنی میں میری یاد کے اس خزانے پر اژدہے بیٹھے ہوئے نظر آتے ہیں، جن میں سے ایک تم بھی ہو! اس خزانے تک میں پہنچ نہیں سکتی۔ تم لوگ وہاں مجھے پہنچنے نہیں دیتے۔ اپنی حسن پرستی کے ہنگاموں سے تم نے میرے تخیل کے راستے تک بند کردیے ہیں۔ تمھارا عشق بازیچہ

میں مجھے اس کی بھی فرصت نہیں کہ خلوت میں ایک لمحہ فارغ ہو سکوں۔
صبح آنکھ کھلی تو شمع ختم ہو چکی تھی اور سورج کی شعاعیں فرش پر بکھری ہوئی تھیں۔ شمع کس قدر جلد پگھلتی ہے جس قدر تیز جلتی ہے اسی قدر جلد ختم ہو جاتی ہے۔
میری زندگی کی شمع اب بہت تیز روشن ہے اور انشاء اللہ بہت جلد گُل ہو گی، اپنی زندگی کو دونوں ہاتھوں سے لٹا رہی ہوں، تم اور تم جیسے سب آئیں اور مجھ خانہ برانداز زندگی کی پونجی کو جلد سے جلد لوٹ لیں! یہ سرمایہ میری گردن پر ایک ناقابلِ برداشت بوجھ ہے۔ لوٹ لو۔ جس قدر لوٹ سکو۔ مجھ پر تم لوگوں کا احسان ہو گا۔"

کیا ان سطور نے آپ کے ذہن و دل کو تھرتھرا نہیں دیا؟

تنہائی کا یہ احساس اور اِس نئے تعلیم یافتہ عاشق کا اصرار کہ وہ اس سے شادی کر لے۔ لیلی کو یہ شہر چھوڑنے پر مجبور کر دیتا ہے۔ اس کا خیال ہے کہ وہ کسی دوسرے شہر میں منتقل ہو کر ایک گمنام قسم کی زندگی گذار سکے گی۔ کچھ عرصہ تو وہ واقعی گمنام رہتی بھی ہے۔ اس دَوران لکھے ہوئے خطوں میں وہ ایک فلسفی کی طرح سوچتی ہے:

"بیچارگی اور بے کسی کی گھڑیاں بہت طویل ہوتی ہیں۔ میرے لیے بھی طویل ہوتیں، اگر گناہ کے ہنگاموں میں اپنے دل کی کلفتوں کو بھول نہ جایا کرتی۔ پورا ایک سال تو نہ ہوا ہو گا جب مَیں تمھارے دستِ طلب سے بچ کر بھاگ گئی تھی۔ اس عرصہ میں عمر کی صدیاں اس طرح گذر گئیں جیسے تمھارے لیے وصل کی ایک شب۔ ہر دن اور ہر مہینہ ایک لمحہ اور ساعت کے برابر تھا۔ گذشتہ سال کی طغیانی کے بعد جب دریا اُترا تو اس کے کناروں پر کیچڑ اور متعفن کوڑا اور سڑی ہوئی لاشیں جو باقی رہ گئیں، ان کی گندگی میں میں نے یہ پورا سال گذار دیا۔ بھاگ

جانے کا آخری فیصلہ میرے لیے پہاڑ کی چڑھائی تھی مشکل سے چڑھ سکی
مگر چڑھ گئی۔ تم کھینچتے ہی رہے۔ روکتے رہے۔ لیکن وہ ایک شدید
ہیجان اور اضطراب کا عالم تھا کہ میں تم سے اپنا دامن چھڑا کر بھاگی اور
پہاڑ پر چڑھتی چلی گئی تا آں کہ اس کی چوٹی پر پہنچ کر دم لیا۔ اس وقت یک
گونہ اطمینان ہوا کہ تم دور رہ گئے۔"

لیکن اس کا یہ نیا چاہنے والا اسے تلاش کرتے کرتے یہاں بھی پہنچ جاتا ہے اور لیلیٰ
کی زندگی کا تانا بانا پھر ٹوٹ جاتا ہے۔ وہ ایک بار پھر انتظار کی کیفیت کا سامنا
کرنے لگتی ہے۔ وہ بار بار اپنے اس نئے چاہنے والے کو کہتی ہے کہ وہ اس کا پیچھا
چھوڑ دے کیوں کہ وہ اس کے قابل نہیں:

"چند ہی روز میں میں نے اپنے کو تمھارے عشق و عاشقی کے مقابلے
میں پہلے سے زیادہ محفوظ کر لیا ہے۔! آؤ اگر آنا چاہتے ہو؟ عشق کا
کھوٹا سکہ میری دوکان پر نہیں چلتا۔ سونا چاندی جس قدر اپنی جیبوں
میں بھر کر لا سکو لیتے آنا، آؤ تو اس طرح جس طرح اہلِ دل بازار کو جاتے
ہیں۔ اس طرح نہ آؤ جس طرح سڑک پر لڑکے کٹی ہوئی پتنگ کے پیچھے
بھاگتے ہیں۔ منہ اٹھائے آسمان پر آنکھیں جمائے، ہاتھ میں بانس کا ایک
ٹکڑا لیے ہوئے بھاگے چلے جاتے ہیں۔ خبر نہیں ہوتی کہ سامنے خندق ہے
کنواں ہے دیوار ہے! ۔ یوں آنے سے کیا فائدہ؟ اپنے نفس کو اپنا رہنما
بناؤ، وہ تمھارا خدا ہے ــ میرے بستر کی آرائشوں کے مالک بنو۔ میرے
پوڈر سے ڈھکے ہوئے رخساروں سے اپنے ہونٹ سفید کر لو۔ میرے عطر
میں بسے ہوئے جسم سے اپنا لباس معطر کر لو، میری بنائی ہوئی آنکھوں اور
پلکوں کے ڈوروں کی شان میں قصیدے پڑھو۔ ایک شب، دو شب،
ہزار شب۔ جتنا روپیہ صرف کر سکو میرے مہمان رہو۔ پھر جب تھک
جاؤ تو گھر جا کر کسی شریف خاندان میں کسی نیک بخت لڑکی کو اپنا شریک زندگی

بنالو۔ اور سیدھے حج کرنے چلے جاؤ۔"
اس مقام پر پہنچ کر لیلی کی زندگی میں ایک عجیب سا انقلاب آجاتا ہے اور وہ اپنے اس نئے عاشق کے لیے اپنے دل میں بے قراری کا جذبہ محسوس کرنے لگتی ہے:

(پینتیسواں خط)

"کئی دن سے کہاں ہو؟ نہ تمھارا خط آیا نہ تم آئے، کیا اچھا ہو کہ تمھاری یہ بے رُخی اس امر کی علامت ثابت ہو کہ عشق کا پارہ اب گرنے لگا ہے۔ بہر حال تمھاری خیریت معلوم کرنا چاہتی ہوں۔ اس لیے زیادہ شک ہے کہ تم کئی دن سے مضمحل تھے۔ ایسا تو نہیں کہ طبیعت زیادہ خراب ہو گئی ہو!!"

جب لیلی کو یہ خبر ملتی ہے کہ اس کا دوست بہت دنوں سے بیمار تھا اور اس نے اسے اپنی بیماری کی اطلاع نہیں دی تو اسے بہت بُرا لگتا ہے! اپنے چھتیسویں خط میں وہ اپنے جذبات کا اظہار اس طرح کرتی ہے:

"مجھے خبر بھی نہ کی، اتنے بیمار ہو کر اپنے قلم سے دو حرف نہیں لکھ سکتے۔ پھر اس تنہائی اور غریب الوطنی میں کیا میں بھی تمھاری تیمار دار نہیں بن سکتی۔ تم سے وہ محبت بھی نہ کر سکوں جس کی تم مجھ سے خواہش رکھتے ہو۔ تب بھی بہر حال میں تمھاری دوست، نیاز مند اور خیر طلب تو ضرور ہوں۔ یہ نہیں ہو سکتا کہ بستر علالت پر میں تمھیں تنہا چھوڑ دوں، تم آج تک آشنا نہ سمجھے کہ بہر حال میرے دل میں تمھاری جگہ ہے اور میرا دل وہ نہیں ہے جو دیکھ نہ سکتا ہو۔ رہی یہ کہ میں ایک عصمت فروش اور ناموس باختہ عورت ہوں۔ مگر یہ تو شاید تم بھی جانتے ہو کہ انسانیت سے محروم نہیں ہوں۔ یہ معلوم کرکے کہ تم کئی دن سے سخت بیمار ہو اور تم نے مجھے خبر بھی نہیں کی، میرے گنہگار دل کو ایک ٹھیس لگی۔ جو عورت بیوی بنائی جا سکتی ہو، وہ بیوی بنائے جانے سے پہلے تیماردار بنائے جانے کے قابل بھی نہیں سمجھی

جا سکتا؟ جو عورت بازاری معشوق بن کر ہر وقت تم کو اپنا نیاز مند رکھتی ہو۔ کیا تمہارے خیال میں اس کا دل نیاز سے بالکل خالی ہے؟ وہ ناز ہی جانتی ہے نیاز نہیں جانتی؟ کیا یہ نہیں ہو سکتا کہ عیش میں تم میرے نیاز مند ہو تو تکلیف کی حالت میں مَیں تمہاری نیاز مند بن سکوں؟ مجھے اجازت دو کہ جب تک تم صحت یاب نہ ہو جاؤ مَیں اپنا فرض انجام دوں وہ فرض جو صرف عورت کا فرض ہے۔"

اسی اظہار کو چار ہفتے کی تیمارداری کے بعد وہ سینتیسویں خط میں یوں دُہراتی ہے:

"یہ چار ہفتے ایسے گذرے کہ گویا مَیں اس دُنیا میں ہی نہ تھی! تمہارے بستر کے پاس صبح سے شام اور شام سے صبح تک بیٹھے ہوئے مَیں ہر روز اپنے لیے ایک نئی دنیا بناتی تھی اور بگاڑ ڈالتی تھی! تیمارداری میری زندگی کا ایک نیا تجربہ تھا! شکریہ کیسا؟ احسان کس کا؟ مجھے اپنی احسان مندی کا اظہار کر کے شرمندہ کرتے ہو۔ اپنی عمر میں آج تک کسی بیمار کی تیمارداری نہیں کی۔ میرے لیے یہ ایک بالکل نیا کام تھا۔ بہن، بیٹی اور بیوی بن کر عورت کو اپنی فطرت کے مظاہروں کے لیے عمل کا ایک نیا میدان ملتا ہے! مَیں آج تک کسی کی بہن بنی، نہ بیٹی، نہ بیوی۔ مجھے کیا خبر تھی کہ خدمت میں عورت کیا مزہ پاتی ہے! "ناز" ہی جانتی تھی "نیاز" سمجھتی تھی کہ میرے نیاز مندوں کا حصہ ہے! لیکن گذشتہ چار ہفتوں میں مَیں نے ایک نئے مکتب میں کچھ نئے سبق پڑھے۔ اپنی بھولی ہوئی انسانیت یاد آ گئی۔ یاد آ گیا کہ مَیں عصمت فروش ہوں، مگر عورت بھی ہوں، میری رُوح نے ایک نئی گھنٹی بجائی، اس کی آواز میں نے پہلے کبھی نہ سُنی تھی۔"

اسی بات کو دُہراتے ہوئے وہ اس خط کے آخر میں لکھتی ہے:

"گذشتہ چار ہفتوں کی تیمارداری کے بعد مجھے یہ محسوس ہوتا ہے کہ

جیسے میری زندگی کی ظلمت میں ایک ایسی شعاع پیدا ہوئی ہے۔ جو میرے وہم وگمان سے باہر تھی۔

گویا مَیں نے کچھ پالیا، گویا مجھے میری محبت کا معاوضہ مل گیا!

پھر شکریہ کیسا؟ جو کچھ مَیں نے کیا وہ میری محبت کا تقاضہ تھا۔ شکریہ ادا کرکے تم کیوں میری فطرت کی توہین کرتے ہو؟"

اس ذہنی اور قلبی انقلاب کے عکس اگلے خطوں میں جا بجا بکھرے پڑے ہیں۔ اب لیلیٰ یہ محسوس کرنے لگی ہے کہ اسے اپنے نئے چاہنے والے کی شریکِ حیات بن جانا چاہیے۔ اٹھتیسویں خط کے آخر میں وہ ان سطور پر اپنے خط کو ختم کرتی ہے:

"اس وقت خواب اور اس کی تعبیر کا فرق تمھیں معلوم ہوتا ہے؟ جب میں تمھارے بسترِ علالت کے پاس بیٹھے ہوئے رات کی تاریکی اور خاموشی میں یہ خواب دیکھتی تھی کہ گویا مَیں ایک شریف اور باعصمت عورت ہوں جو اپنے شوہر کی خدمت کر رہی ہے! تو اس خواب کے لطف میں رات کے جاگنے کی تکلیف اور تیمارداری کی زحمت کو بالکل بھول جاتی تھی اور بعض راتیں تو ایسی گذری ہیں کہ مَیں شام سے صبح تک ــ جب تم بخار کی حالت میں غافل پڑے ہوتے تھے۔ اسی دُنیا میں رہی لیکن اب تمھاری تیمارداری سے فارغ ہو کر اپنے گھر آئی ہوں اور عشاق کی عشق بازی کا مسئلہ پھر شروع ہوا ہے۔ اور دردِ فراق میں مرتے ہوئے چاہنے والے پھر جمع ہوتے جاتے ہیں! اب مجھے بھی خواب اور اس کی تعبیر کا عبرت انگیز فرق محسوس ہو رہا ہے! لیلیٰ! وہ دنیا جو بیمار کے سرہانے تھی تیرے لیے نہیں ہے، کوئی مجھ سے کہتا ہے!"

لیلیٰ کے اپنے کہنے کے مطابق اس کے مزاج میں بڑا اُتار چڑھاؤ ہے۔ کبھی وہ بجلی بن کر چمکتی ہے، کبھی بادل بن کر برستی ہے، کبھی برستی ہے تو بس برسے ہی جاتی ہے۔ کبھی آندھی بن کر چڑھے ہی جاتی ہے۔ کبھی پھول کی طرح مسکراتی ہے۔ کبھی ہنستے ہنستے روتی ہے اور کبھی وہ کہتی ہے:

"کچھ میرا ٹھکانہ نہیں، ابھی ٹھنڈی ہوائیں چل رہی ہیں تو ابھی گرمیوں

کی دوپہر کی لُو چلنے لگی ! میرا کچھ عجب حال ہے۔ مَیں کچھ عجب انسان ہوں۔
کس نے مجھے ایسا بنادیا؟ کیوں مَیں ایسی بن گئی؟"!

لگتا ہے کہ اب لیلیٰ فلسفی کے ساتھ ساتھ سنکی بھی بنتی جارہی ہے۔ ایک ہی وقت میں وہ کئی باتوں کے متعلق سوچتی ہے۔ کبھی قانون کے بارے میں کبھی گناہ کے بارے میں، کبھی مذہب کے بارے میں، کبھی بیوہ کی شادی کے بارے میں۔ اِکتالیسویں خط میں گناہ کے بارے میں وہ لکھتی ہے :

"گناہ؟ کیا کہا؟ گناہ کس کو کہتے ہیں؟ جو چیز دنیا میں انسان کو مضر نہ ہو، جو اس قدر عام ہو کہ ایک سو ایک فی صدی اس میں مُبتلا ہوں، اُس کو بُرا کیوں کہوں؟ اگر پانی پینا گناہ ہے، آنکھوں سے دیکھنا گناہ ہے؟ کانوں سے سُننا گناہ ہے، تو پھر بتاؤ وہ کونسی بات ہے جو گناہ نہیں ہے؟ کون ہے جو جھوٹ نہیں بولتا۔ اپنے ہم جنسوں کے ساتھ بے وفائیاں نہیں کرتا؟ دوسروں کی ملکیت پر قبضۂ جابرانہ نہیں کرتا، ایک ایک گز زمین پر جان نہیں دیتا، ایک ایک کوڑی کے لیے اپنے بھائیوں سے نہیں لڑتا۔ ایک ایک لُقمہ کے لیے جھگڑا نہیں کرتا؟ کون ہے؟ بادشاہ سے گدا تک، مسجد کے سب سے اونچے مینار سے، مندر کے سب سے بڑے گھنٹے سے لے کر، دو آنے والی بیسوا تک؟ دنیا میں نہ گناہ کوئی چیز ہے نہ ثواب! ساری انسانی زندگی کی بنیاد صرف دو عناصر پر ہے۔ قوی اور ضعیف، قوی سراپا ثواب ہے! اور ضعیف سراپا گناہ ــــ صرف یہی دو قانون ہیں، دو مذہب ہیں، دو ملک ہیں، دو قومیں ہیں، انسانیت کے دو اصول ہیں۔ ترازو کے دو پلڑے ہیں، بس قوی اور ضعیف۔ ان دو لفظوں میں دنیا کی تمام زندگی کی تفصیل مرکوز ہے! قوی قانون بناتا ہے۔ ضعیف سزائیں پاتا ہے۔ قوی اپنی شہرت اور طاقت کے مینار بناتا ہے۔ ضعیف اپنی قبریں کھودتا ہے۔ جو شراب قوی پیے

وہ بالکل جائز اور حلال۔ جو ضعیف کرے وہ حرام اور ناجائز جو قتل قوی کرے وہ انصاف اور جائز انتقام اور جو ضعیف کرے اس کی سزا موت! جو خلافِ فطرت قوی کرے وہ عین فطرت اور جو ضعیف کرے وہ مستوجب سزا! عورت کے ساتھ قوی کا برتاؤ جائز، ضروری اور مناسب، لیکن ضعیف اگر وہی کرے جو قوی کرتا ہے تو قیامت آجائے۔ اس ضعیف سے زیادہ ظالم بدکردار، گنہگار کوئی نہیں! قوی جب اپنے محل میں دو ہزار عورتیں اور لونڈیاں بھرلے تو سب بیگمات ہیں اور سب پر اپنے مالک کی اطاعت لازم ہے لیکن اگر ضعیف ایک سے زیادہ عورت کو اپنے پہلو میں بٹھائے تو وہ عیاش ہے، بدکار ہے، بڑے سے بڑا قاتل، عیاش شراب خور، امیرالمومنین خلیفۃ المسلمین اور مہاراج ادھیراج بن سکتا ہے۔! لیکن اس کے غلاموں کو قتل، عیاشی اور شراب خوری میں اسی خلیفۃ المسلمین اور مہاراج ادھیراج کی عدالت سے دن رات سزائیں دی جاتی ہیں! جو سزا اور جزا کا انحصار فریقین کی قوت اور ضُعف پر ہے۔ پھر کیوں ناحق اخلاق اور اعمال کے معیار کو آسمانی اور ربانی کہتے ہو؟"

لیلیٰ اب سوچ کے اس مقام پر پہنچ گئی ہے جب وہ محسوس کرتی ہے کہ ہر عورت کے لیے کوئی ایک مرد دنیا میں موجود ہے۔ جسے تلاش کرنے کے لیے نہ جانے کتنا وقت لگے۔ لیلیٰ کو اس بات کا یقین ہو گیا کہ یہ اس کا نیا چاہنے والا، جس کی وہ چار ہفتوں تک تیمارداری کرتی رہی ہے، یہی اس کا مرد ہے۔ جسے وہ اب تک ڈھونڈتی رہی۔ اس کا اظہار لیلیٰ نے اڑتالیسویں خط میں ان الفاظ میں کیا ہے:

"اپنے باغ کے لاکھوں پھول تقسیم کر چکی، ایک چھوٹی سی کیاری میں چند پھول باقی رہ گئے ہیں اب میں اپنے دل میں یہ خواہش پاتی ہوں کہ وہ کسی طرح سرسبز رہیں مرجھا نہ جائیں! شاید میرے آنے والے عہدِ پیری کا پہلا اشارہ

ہے! اشرفیاں لٹا دینے کے بعد چند بچے ہوئے پیسوں کو گرہ میں مضبوط باندھنے کی خواہش اس وقت پیدا ہوتی ہے جب افلاس دروازے پر دستک دیتا ہے، شاید کچھ ایسا ہی حال میرا ہے جب تک دولت وافر تھی لٹائی گئی۔ اب جب کہ میرے میخانے کی سب شراب ناب پینے والے بلانوش پی گئے، تو تلچھٹ کے ان چند قطروں کو جو خم میں باقی رہ گئے ہیں بچا کر رکھنا چاہتی ہوں تو یا تو یہ بات ہے یا ــــ میں کچھ کہہ نہیں سکتی، سمجھ نہیں سکتی، میری زندگی کی سرسبز وادی میں پھولوں کی شاخیں خالی ہو چکی ہیں۔ میری جوانی بھاگی جاتی ہے میں کیوں اس کو واپس لانا چاہتی ہوں؟ میں اس کے پیچھے دوڑ رہی ہوں؟ اگر یہ عہدِ جوانی کے اختتام کی وہ کیفیت نہیں جو اکثر انسانوں میں پیدا ہوا کرتی ہے تو پھر کیا بات ہے؟ شاید وہی آواز سچ کہتی ہو جو میرے کانوں میں آ رہی ہے! اپنی تجارت کے لیے جو جنس میں نے دکان پر رکھی تھی، اب اس کو کسی آنے والے کے سامنے ہدیۂ محبت بنا کر پیش کرنا چاہتی ہوں تاکہ جب وہ آئے ــــ مُلکِ محبت کا وہ بادشاہ ــــ تو میں اپنا ہدیۂ حقیر، اپنا حسن اس کی تمام شعریت اپنی جوانی، اپنی راگنی، اپنا نغمہ، اپنی روح، اپنی ساری پونجی، ایک خوان میں رکھ کر اس کے سامنے پیش کروں اور کہوں ــــ 'اے میرے راجہ! یہ مجھ فقیرنی کی نذرِ محبت ہے۔ اس کو قبول کر، تو دیر سے آیا! جب میرا سارا شہر لُٹ چکا، میرے خزانوں میں سے جو کچھ باقی ہے وہ تیرا ہے ــــ اس کے بعد میرے پاس کچھ نہیں! حیران ہوں کہ الٰہی وہ کون ہوگا کب آئے گا۔ جس کے سامنے میں اس طرح اپنی نذر پیش کروں گی اور جو اس طرح اس کو قبول بھی کرے گا جس کے لیے میں اپنی خشک کھیتی پر پانی چھڑک رہی ہوں۔ کس کے لیے؟ کوئی مجھے بتلائے؟

موت کے گھنٹے سے زندگی کی آواز کیوں نکل رہی ہے؟"

اب وہ اپنے اس دشمن کی دوستی میں نیا لطف پانے لگی ہے۔ اب ان دونوں کے درمیان ایک رومانی رشتہ قائم ہونے لگا ہے۔ اس لیے آپسی حجاب بھی ختم ہو رہا ہے۔ اب لیلیٰ کی زندگی میں وہ موڑ آگیا ہے، جب وہ اپنے آپ کو بےبس محسوس کرنے لگی ہے اور اپنے آپ سے پوری طرح ہار گئی ہے۔ اسی لیے اپنے اکاونویں خط میں وہ یوں رقمطراز ہے:

"رات بھر کے طوفان کے بعد صبح ہو رہی ہے۔ خزاں کے بعد درخت برہنہ ہو گئے تھے۔ بہاران کے لیے ایک نیا لباس لے کر آ رہی ہے اس لباس کے ساتھ زندگی کی نئی مسرتیں ہیں ـــ کیا میری خزاں کو بھی بہار کا پیام آیا ہے؟ میرے ویرانے کی شکستہ دیواریں بھی کیا پھر تعمیر ہوں گی؟ میری ظلمت میں یہ شعلے کیوں بلند ہو رہے ہیں؟ کون ہے جو میرے دل میں بادشاہ بن کر بیٹھ گیا ہے؟ کون ہے؟ تم ہو؟ تم نے کہا تھا 'تو مجھ سے بھاگتی ہے۔ میں چھپ کر تیرے دل میں جگہ ڈھونڈھ لوں گا۔ تو مجھ سے محبت نہیں کر سکتی ہے میں تجھے محبت کرنا سکھا دوں گا۔' تم نے جو کہا تھا وہ کیا! میں کہا کرتی تھی۔ 'میرا مرد پیدا نہیں ہوا۔ میرا جوڑا دنیا میں نہیں آیا۔ آج میرا مرد آگیا، آج میرا جوڑا آگیا۔ میں اس کی ہوں، میں اس کے لیے ہوں، میری زندگی اس کی ہے، میرا عیش اس کا ہے ـــ وہ آگیا جس کے وجود سے میری زبان انکار کرتی تھی اور جس کو میری روح پکارتی تھی ـــ تم آگئے'!"

بانواں خط اس کتاب کا آخری خط ہے، جسے لیلیٰ نے اس جملے پر ختم کیا ہے۔ جس میں SUSPENCE کا ایک جہاں مستور ہے۔

"ہاں یا دوسرے جنم میں میرا انتظار کرو!"

لیلیٰ۔

میں سمجھتا ہوں قاضی عبدالغفار نے اپنے مقدمے میں جو یہ دعویٰ کیا تھا کہ خطوط کا یہ مجموعہ نہ تو افسانہ سمجھ کر اور نہ ہی ناول سمجھ کر پڑھا جائے۔ وہ یہاں تک تو ٹھیک تھا لیکن

آخری خط کے آخری جملے پر پہنچ کر انھوں نے جس کلائمکس کو اُبھارا ہے وہ یقیناً ایک طویل افسانے یا کسی ناول کا ہی کلائمکس ہوسکتا ہے۔ خطوط کے مجموعے کا نہیں۔

میں قاضی صاحب کے بارے میں زیادہ نہیں جانتا ہوں جو کچھ میں نے پیش کیا ہے وہ سب "لیلیٰ کے خطوط" کے حوالے سے ہی لکھا ہے جو کتاب میں نے لگ بھگ پچاس برس پہلے پڑھی تھی اور جس کا تاثر میرے ذہن پر اب تک موجود ہے۔ ان کی زندگی اور شخصیت کے بارے میں مجھے جو کچھ معلوم ہوا وہ خلیل الرحمٰن اعظمی کے مضمون "علی گڑھ کی چند شخصیتیں" کے حوالے سے ہے۔ یہ مضمون لاہور سے شائع ہونے والے میگزین "نقوش" کے شخصیات نمبر میں ۱۹۵۶ء میں چھپا تھا۔ اس بات کو بھی چونتیس برس ہوگئے ہیں۔

"لیلیٰ کے خطوط" کے جواں طرز اور جوان نگار مصنف جب تقسیم ہند کے بعد انجمن ترقیِ اردو (ہند) کے سکریٹری ہو کر علی گڑھ تشریف لائے تو اس وقت ان پر خزاں کا عالم تھا، صحت جواب دے چکی تھی اور طبیعت بجھ سی گئی تھی۔ پھر بھی شائستگی و نفاست اور تہذیب و شرافت کا ایک پیکر تھے۔ ان کو دیکھ کر کسی ایسے ملبوس کا گمان ہوتا تھا جو ابھی ابھی دُھل کر آیا ہو اور گرد یا دھبے کا ہلکا سا نشان بھی نہ ہو۔ اپنے لباس اور طرزِ رہائش کے اعتبار سے قاضی صاحب بھی مولانا ابوالکلام آزاد کی طرح ایک ارسٹوکریٹ ادیب تھے۔ لیکن مولانا کے برخلاف قاضی صاحب نہ تو خلوت پسند تھے اور نہ ہی انانیت کے اسیر۔ انتہائی ملنسار، نرم طبیعت اور بردبار قسم کے آدمی تھے۔ یہی وجہ ہے کہ فریب کھانا اور پھر اس کی تجدید کرنا ان کی شخصیت کا ایک جزو بن چکا تھا۔ ان کی نرمی اور بھلمنساہٹ سے فائدہ اُٹھا کر بہت سے نالائق نہ صرف ان کو بلکہ انجمن کو نقصان پہنچاتے اور قاضی صاحب کی افسردگی اور آزردگی میں اضافہ کرتے۔ یہی وجہ ہے کہ سخت علالت کے دوران میں بھی بستر پر لیٹے لیٹے انجمن کا کام کیا کرتے اور سارے خطوط کا جواب خود دیتے۔ آخر عمر میں اپنے ساتھ کام کرنے والوں کا اعتبار اُٹھ گیا تھا۔ نوجوان ادیبوں کی ہمت افزائی اور ان کے لیے ہر طرح کمربستہ رہنا قاضی صاحب کا ایسا جوہر تھا جو پرانی نسل کے لوگوں میں مجھے کسی اور میں نظر نہیں آیا۔ آج سے کئی سال پہلے "ادبِ لطیف" میں میرا مضمون بہادر شاہ ظفر پر چھپا تو انھیں

بہت پسند آیا۔ رقعہ بھیج کر مجھے بُلایا اور بہت ہی تعریف کی اور کہا کہ جس نقطۂ نظر سے تم نے بہادر شاہ ظفر پر تنقید کی ہے وہ بالکل نئی چیز ہے اور بہت ہی قابلِ قدر، میری خواہش ہے کہ تم اسی نقطۂ نظر سے ظفر کے کلام کا ایک انتخاب مرتب کر دو۔ میں اسے انجمن سے شائع کروں گا اور اگر انجمن کی لٹریری کمیٹی نے نامنظور کر دیا تو اپنے خرچ سے طبع کراؤں گا۔ میں نے یہ انتخاب مرتّب کر کے دے دیا۔ اتفاق کہ اسی زمانے سے قاضی صاحب پر سخت علالت کا دورہ پڑنے لگا۔ قاضی صاحب کا وطن مراد آباد میں تھا۔ علی گڑھ کالج کے تعلیم یافتہ تھے۔ اس کے بعد صحافتی دنیا میں داخل ہوئے اور مولانا محمد علی کے ساتھ "ہمدرد" "کامریڈ" میں اور پھر مولانا ابوالکلام آزاد کے ساتھ کلکتہ میں کام کیا۔ خود بھی کئی اعلیٰ درجے کے اخبار نکالے جس میں "جمہور" اور "صباح" کلکتہ سے اور "پیام" حیدر آباد سے نکالا اور صحافت نگاری کی تاریخ میں ایک نمایاں مثال قائم کی۔ قاضی صاحب کے قلم سے ایک سطر بھی ایسی نہ نکلتی تھی جو ایک مخصوص طرزِ نگارش کی حامل نہ ہو۔ اس درجہ کے صحافی اُردو زبان میں کم ہی گذرے ہیں۔

۱۷ جنوری ۱۹۵۶ء کو تین بجے قاضی صاحب کا علی گڑھ ہی میں انتقال ہو گیا۔ علالت کا سلسلہ عرصے سے چل رہا تھا لیکن یہ اندازہ نہ تھا کہ اس قدر جلد ہم سے رُخصت ہو جائیں گے۔ یونیورسٹی کے قبرستان میں سپردِ خاک ہوئے۔ دوسرے دن یونیورسٹی یونین میں بھی ایک تعزیتی جلسہ ہوا۔ یہ عجیب بات ہے کہ اس جلسے میں یہاں کے طالب علموں اور اُستادوں کی تعداد بہت کم تھی۔ ذاکر صاحب نے اس موقع پر تقریر کرتے ہوئے آبدیدہ ہو کر کہا کہ "میں آپ لوگوں کو گواہ بنا کر وصیّت کرتا ہوں کہ اگر میں مر جاؤں تو میرے مرنے پر نہ کوئی جلسہ ہو اور نہ یونیورسٹی بند کی جائے۔"

جس طرح قاضی صاحب کی کتاب "لیلیٰ کے خطوط" کا کلائمکس بڑا غیر متوقع تھا اسی طرح ان کی زندگی کی کتاب کو بھی ڈاکٹر ذاکر حسین صاحب نے بڑا ہی غیر متوقع کلائمکس دے ڈالا۔ قاضی عبدالغفار واقعی کلائمکس کے آدمی تھے۔

زُلفِ عنبریں میں شِکن

جگرمُرادآبادی

کئی برسوں کی بات ہے۔ ان دِنوں میں کشمیر میں تھا۔ کالج سے نیا نیا نکلا تھا۔ زندگی خوبصورت ضرور تھی لیکن اس خوبصورتی میں ناموافق حالات کی پرچھائیاں بھی تھیں۔ سُندرتا کی دھوپ اور حالات کے سائے بڑے عجیب ڈھنگ سے ایک دوسرے میں گڈمڈ ہو رہے تھے۔ دونوں ہی اپنی اپنی حیثیت منوانے پر تلے تھے۔ ذہن کی بڑی متضاد سی کیفیت تھی۔ ایک طرف بادام کے کھلتے ہوئے پھول تھے، دوسری طرف چنار کے گرتے ہوئے زرد پتّوں کے ڈھیر۔ ایک سمت برف کا سفید گھونگھٹ کاڑھے، پہاڑوں کی جوان چوٹیاں اور دوسری طرف پاتال تک اُترتے ہوئے گہرے کھڈ۔ ان دنوں میرا تعارف فانی بدایونی سے ہوا۔ میرا مطلب ہے ان کی شاعری سے۔ وہ ایک ہلکی ہلکی سی غم آلود فضا، جو ان کے شعروں میں رچی ہوئی ہے، بڑی پیاری لگنے لگی:

یہ چمن سے رُخصتِ فانی قریب ہے شاید
کہ آج بوئے کفن دامنِ بہار میں ہے

دل تڑپ اُٹھتا تھا ایسے ایسے شعروں کو پڑھ کر۔ طبیعت میں ایک اذیت پسندی کی سی کیفیت پیدا ہونے لگی تھی۔ ہارڈی کے ناول ان ہی دنوں میں پڑھے تھے۔ ذہن قنوطیت کی طرف مائل ہونے لگا تھا۔ اُن دنوں میں ایک عجیب و غریب بات سوچا کرتا تھا۔ اگر فانی زندہ ہوتے اور اب مرتے تو ان کی شاعری پر ایک مضمون لکھتا۔ جیسے مضمون لکھنے

کے لیے شاعر کا مرنا ضروری ہے۔ ایک طرح سے تو ضروری بھی ہے، ہمارے ملک میں۔ منٹو جب تک زندہ رہا لوگ اسے گالیاں دیتے رہے۔ ادھر وہ مرا اُدھر لوگوں نے بڑے بڑے نمبر نکالنے شروع کر دیے۔ ہر کوئی منٹو پر لکھنے کو تیار ہو گیا۔ جیسے ہندو پاکستان میں رہنے والے ہر باذوق شخص کو منٹو پر لکھنے کا حق پہنچتا تھا۔ خیر چھوڑیے بات کسی اور طرف نکل گئی۔

ذرا دُور کے رشتے سے میرے ایک ماموں فوج میں کرنل تھے۔ بڑے باذوق اور رنگین مزاج شخص تھے۔ اپنے سرکاری کام سے جتنا بھی وقت بچتا وہ تمام وقت شراب اور شاعری کے لیے وقف کر دیتے۔ جب کبھی ملتے بڑی محبت سے پیش آتے۔ شعر و شاعری انھیں اس لیے پسند تھی کہ اس میں شراب کا بڑا حسین روپ پیش کیا جاتا تھا۔ ریاض خیر آبادی کے بہت سے شعر انھیں یاد تھے۔ ان کے خیال کے مطابق شراب کے پینے سے شاعری کے خدوخال نکھرتے تھے۔ میں فانی سے مانوس ہوتا جا رہا تھا اور وہ جگر مراد آبادی کے شعر گنگنانے لگتے تھے۔ ایک شام جب میں انھیں بادامی باغ چھاؤنی میں اُن کے بنگلے پر اُن سے ملنے گیا تو آتش دان میں لکڑیاں سلگ رہی تھیں اور وہ الگ بیٹھے بڑے سکون سے پی رہے تھے۔ انھیں اکیلے میں پینا پسند تھا اس لیے کہ اس سے انھیں اپنے آپ میں ڈوبنے کی مہلت ملتی تھی۔ میں نے ہاتھ جوڑ کر نمسکار کیا تو خوش ہو کر بولے۔

"آؤ، میں تمھارا ہی انتظار کر رہا تھا۔"

میں قریب بیٹھ گیا۔

"کچھ پیوگے؟"

"جی نہیں۔"

"اچھی بات ہے۔"

پھر انھوں نے دو ایک ہلکے سے سپ لے کر گلاس تپائی پر رکھا اور صوفے کی سیٹ سے پیٹھ ٹیک کر سگرٹ سلگانے لگے۔

میں بڑے برخوردانہ ڈھنگ سے بیٹھا تھا۔

"تم نے جگر مرادآبادی کا نام سُنا ہے؟"

"جی سُنا ہے۔"

"اسے پڑھا بھی ہے۔"

"جی بہت تھوڑا۔"

"تو یہ مجموعہ دیکھو۔"

اُنھوں نے "شعلۂ طور" کی بڑی خوبصورت چھپی ہوئی ایک جلد میرے ہاتھ میں تھما دی، جو وہ اُسی دن خرید کرلائے تھے اور خود گنگنانے لگے:

اے رحمتِ تمام مِری ہر خطا معاف
مَیں انتہائے شوق میں گھبرا کے پی گیا

اور اس کے بعد انھوں نے ایک بھرپور سِپ لیا اور کہا:

"اسے لے جاؤ، دو ایک دن میں لوٹا دینا۔"

"جی شکریہ۔"

کرنل صاحب کے گھر سے لوٹ کر میں گئی رات تک "شعلۂ طور" کی ورق گردانی کرتا رہا اور کتنی ہی بار جگر صاحب کے پینسل اسکیچ کو دیکھا۔ کیا خوبصورت انداز تھا میرے ذہن میں فانی بدایونی کی شاعری سے پیدا ہوئی غم آلود فضا میں ایک دھوپ سی نکھرنے لگی۔ اُس دھوپ نے رفتہ رفتہ قنوطیت کی ٹھنڈک پر غلبہ پالیا۔ اور آج اس حقیقت پر یقین کرنے کو دل نہیں مانتا کہ وہ ہمیں چھوڑ کر چلے گئے ہیں اور اب دوبارہ کبھی نہ ملیں گے۔

جگر صاحب سے میری بہت گنی چنی سی ملاقاتیں ہوئی ہیں۔ لیکن ان ملاقاتوں سے جو کچھ مَیں نے حاصل کیا ہے وہ میری زندگی کا بہت ہی قیمتی سرمایہ ہے۔ ان سے آخری ملاقات میرے ذہن میں اپنی تمام تر جزئیات کے ساتھ آج بھی محفوظ ہے۔ ان دنوں میں گوڑگانوں میں تھا۔ کنور مہندر سنگھ بیدی وہاں ڈپٹی کمشنر تھے۔ کنور صاحب سے ہر روز ایک ہی دن میں کئی کئی ملاقاتیں ہو جایا کرتی تھیں۔ ایک دن طے ہوا کہ ایک بہت

بڑا مشاعرہ کیا جائے۔ انڈو پاک قسم کا۔ بڑی لمبی چوڑی فہرست بنی۔ فہرست کے مطابق دعوت نامے بھیج دیے گئے شعرا پاکستان سے بھی آنے اور ہندوستان سے بھی، مشاعرے کو کنڈکٹ کر رہے تھے، پنڈت ہری چند اختر مرحوم۔ ان کا ایک شعر جو انھوں نے اُس دن مشاعرے میں نہیں، ایک الگ سے ماحول میں سُنایا تھا آج بھی ایک پگھلتی ہوئی شمع کی طرح میرے دل میں سُلگ رہا ہے۔

مرے چمن کی خزاں مطمئن رہے کہ یہاں
خُدا کے فضل سے اندیشۂ بہار نہیں

مشاعرہ پوری اُٹھان پر تھا اور جگر صاحب اسٹیج کے ایک طرف بیٹھے تھے اور بڑے معصوم سے اور بے نیاز لگ رہے تھے۔ اختر صاحب نے میرا نام پکارا۔ بیدی صاحب کہیں جا رہے تھے۔ لوٹ آنے کے بعد اسٹیج کے ساتھ بیٹھ ٹیک کر بیٹھ گئے، میں مائک کے سامنے آیا تو جگر صاحب نے مڑ کر میری طرف دیکھا۔ جب میں نے یہ شعر پڑھا:

ہم نے تو حُسن سے جینے کی ادا سیکھی ہے
ہم نے تو عشق سے مرنے کا مزا پایا ہے

تو جگر صاحب نے میرے کندھے پر ہاتھ رکھ کر کہا ۔ بہت اچھا شعر کہا ہے۔ اُسی لمحہ کسی نے تصویر لے لی۔ وہ تصویر میں نے اب تک سنبھال کر رکھی ہے۔

دوسری صبح جب میں جاگا تو جگر مراد آبادی سے بہت حد تک متعارف ہو چکا تھا۔ ایک سرد رات کے بعد صبح کی پہلی دھوپ بڑی پیاری لگ رہی تھی:

یہ عشق نہیں آساں اتنا ہی سمجھ لیجے
اک آگ کا دریا ہے اور ڈوب کے جانا ہے

مرگ عاشق تو کچھ نہیں لیکن
اک مسیحا نفس کی بات گئی

بات سادہ ہی سہی لیکن حکیمانہ بھی ہے
یعنی ہر انساں بقدرِ ہوش دیوانہ بھی ہے

سب کو مارا جگر کے شعروں نے
اور جگر کو شراب نے مارا

کرنل صاحب کو جگر اس لیے پسند تھے کہ انھوں نے بھی شراب کو ان کی طرح زندگی کا ایک بہت ضروری حصّہ بنایا تھا۔ شراب نے کرنل صاحب کو جگر کے قریب کر دیا اور کرنل صاحب نے مجھے جگر کے نزدیک۔ اور دھیرے دھیرے میں کرنل صاحب کی مدد کے بغیر ہی جگر صاحب کو جاننے لگا۔ اور پھر جگر نے شراب چھوڑ دی لیکن میں جگر کو نہیں چھوڑ سکا۔ جگر میرے قریب ہوتے گئے اور ان کی شاعری مجھے ان کے قریب لاتی گئی۔ کچھ دنوں بعد جب بزمِ ادب جموّں و کشمیر نے ایک ماہنامہ "فردوس" جاری کیا اور اس کی ادارت کے فرائض میرے ذمّے لگائے تو پہلے پرچے کے پہلے صفحے پر سب سے پہلی غزل جگر مراد آبادی کی تھی۔ کاش اس وقت اس غزل کے کچھ شعر یاد ہوتے تو انھیں دہرا کر تسکین حاصل کرتا۔

اس کے بعد ہم نے کشمیر میں بڑے عظیم الشان مشاعرے منعقد کیے اور جگر صاحب ہر مشاعرے میں شرکت کرتے رہے۔ ہندوستان کا کوئی بھی بڑا شاعر ایسا نہیں تھا جس نے ان مشاعروں میں حصّہ نہ لیا ہو۔ لیکن جگر صاحب کی بات الگ ہی تھی۔ ان کی الگ ہی انفرادیت تھی۔ وہ فرد تھے ہی کہاں، وہ تو ایک محفل تھے۔ وہ پھول نہیں ایک پورا گلشن تھے۔ وہ جام نہیں ایک آباد میکدہ تھے۔

آدھی رات گذر چکی تھی۔ سردی بھی زیادہ ہو گئی تھی۔ کوئی دو بجے کے قریب جگر صاحب نے اپنی غزل پڑھنا شروع کی۔ شب کا سکون، مدہوش فضا۔ جگر صاحب کا ترنم، اور ان کی پسندیدہ غزل۔ بس یوں سمجھیے کہ شعر دل کی دھڑکنوں میں تحلیل ہو رہے تھے:

یہ دن بہار کے اب کے بھی راس آ نہ سکے
کہ پھول کھل تو سکے کھل کے مسکرا نہ سکے

یہ مہر و ماہ میرے ہم سفر رہے برسوں
پھر اس کے بعد میری گرد کو بھی پا نہ سکے

اب جب کہ میں یہ چند سطور لکھ رہا ہوں، میرے ذہن میں جگر صاحب کا نشہ آور ترنم ہلکورے لے رہا ہے۔ میں وثوق سے تو نہیں کہہ سکتا لیکن میرا خیال ہے کہ ہندوستان میں شاید یہ آخری مشاعرہ تھا جس میں جگر صاحب نے پورے طمطراق سے شرکت فرمائی تھی۔ دوسری صبح جانے سے پہلے انھوں نے بڑی محبت سے مجھے گلے لگایا۔ اب زندگی میں یہ خوش قسمتی کبھی نصیب نہ ہوگی۔ اب جگر صاحب کا ہاتھ کبھی میری پیٹھ نہ تھپتھپائے گا۔ ان کی مسکراہٹ کبھی میری حوصلہ افزائی نہ کرے گی۔ وہ تو اب وہاں چلے گئے ہیں جہاں سے کبھی نہ لوٹیں گے۔

کاش میں ان کی زندگی میں ان کے بارے میں کچھ لکھ سکتا۔ اب لکھنے کا کیا فائدہ؟ مرنے کے بعد تو سبھی لکھتے ہیں، مرنے والے کے بارے میں سبھی اپنا ہونے کا دم بھرتے ہیں۔ لیکن جدا ہو جانے پر کسی کے بارے میں تو جبھی لکھا جا سکتا ہے جب انسان پر جذبات حاوی ہوں۔ ناپ تول کر نہیں لکھا جا سکتا۔ اس لیے اس میں جھول رہ جاتے ہیں۔ اب شکنیں رہ بھی جائیں تو کیا ہے؟ جگر صاحب کو اس کا احساس نہیں ہوگا اور اس لمحہ ان کا یہ شعر مجھے بار بار یاد آرہا ہے۔

ابھی ہے دل کو مقامِ سپردگی سے گریز
چلو اک اور سہی زلفِ عنبریں میں شکن!

میں ایک جزیرہ نہیں ہوں

خواجہ احمد عبّاس

یہ اُس کی موت سے کوئی چھ مہینے پہلے کی بات ہے۔

مَیں کسی سرکاری کام سے بمبئی گیا تھا۔ وحید انور اُن دِنوں خواجہ احمد عباس کے پرسنل اسسٹنٹ کے طور پر کام کر رہا تھا اور کہانیوں کی ایک اینتھالوجی ترتیب دے رہا تھا۔ مجھ سے ملنا چاہتا تھا اور اُسے اینتھالوجی کے سلسلے میں میرے تعاون کی ضرورت تھی۔ وحید انور سے ٹیلی فون پر بات ہوئی تو مَیں نے اس سے کہا کہ وہ مجھے عباس کے گھر نیلو مینا لاج ہی میں اگلی صبح گیارہ بجے مِل لے۔ اُن دِنوں صبا بردت کا فن اور شخصیت کا عباس نمبر چھاپنے کا منصوبہ تھا۔ اس لیے وہ چاہتا تھا کہ وہ بھی میرے ساتھ عباس کے گھر چلے اور وہاں اس سے عباس نمبر کی بھی بات ہو جائے۔

چنانچہ اگلے روز مَیں اور صبا بردت گیارہ بجے عباس کے گھر پہنچ گئے، اُس سے ملاقات کا یہی وقت طے ہوا تھا۔

عباس بڑی محبت سے مِلا، لیکن اِتنے دِنوں کے بعد اُسے دیکھ کر مجھے دھکا لگا۔ اس سے تو ٹھیک طرح سے کھڑا بھی نہ ہوا جاتا تھا۔ چھڑی کے سہارے سے ہی قدم اٹھا سکتا تھا بے چارہ، بلکہ وحید انور ہی نے اُسے سہارا دیا۔ مَیں وہیں اُس کے ساتھ تخت پر بیٹھ گیا۔ صبا بر اُس سے گفتگو میں مصروف ہوگیا۔ لیکن میرا ذہن کئی برس پہلے کی ایک مُلاقات کو دُہرانے میں مصروف ہو گیا۔

پرگتی میدان دہلی میں نیشنل بُک فیر تھا۔ آتھرز گلڈ آف انڈیا نے جس کا میں بھی ممبر تھا ایک مذاکرہ رکھا تھا۔ آتھرز اینڈ پبلشرز، عنوان اب مجھے یاد نہیں۔ لیکن مسئلہ مصنفین اور پبلشرز ہی کا تھا۔ کئی زبانوں کے نئے پُرانے بہت سے ادیب جمع تھے۔ عباس کو ایک پینل ڈسکشن میں بولنا تھا۔

میں جب پہنچا تو مذاکرہ تو شروع نہیں ہوا تھا لیکن بہت سے اُدیب ہال میں جمع ہو چکے تھے۔ عباس سامنے کھڑا تھا۔ ایک دم چاق و چوبند۔ بڑا بانکا لگ رہا تھا۔ دو ایک اُدیب اُس سے گفتگو کر رہے تھے۔

مجھے دیکھ کر اُونچی آواز میں بولا۔

"پرنس آف چنڈی گڑھ ہیڈکم"۔

بہت سے لوگوں کو اس کا مفہوم سمجھ میں نہیں آیا۔ عباس نے آگے بڑھ کر مجھے اپنی بانہوں میں لیا اور ساتھ کھڑے دوستوں سے مخاطب ہوا۔

"یہ ہے کشمیری لال ذاکر۔ اگر یہ دیکھنا ہو کہ چنڈی گڑھ میں اس کا کیا اسٹیٹس ہے تو ایک بار چنڈی گڑھ ضرور جائیے"۔

میں اپنے آپ میں بڑا ایمپریسڈ فیل کر رہا تھا۔

پینل ڈسکشن میں بولتے ہوئے اس نے ایک بڑا پُر معنی جُملہ کہا جس سے لکھنے والوں اور پبلشرز کے آپسی رشتے کی صحیح ترجمانی ہو جاتی ہے۔ عباس نے انگریزی میں کہا۔

"آتھر اور پبلشر کا آپسی رشتہ میاں بیوی کا رشتہ ہے"۔

AUTHOR CONCEIVES & THE PUBLISHER DELIVERS

بہت زور سے قہقہے گونجے تھے۔

مجھے فیلومینا لاج میں بیٹھے لگ رہا تھا کہ بُک فیر کے ایک ہال میں گونجے ہوئے قہقہے اس وقت عباس کے گھر میں گونج رہے تھے۔ جنھیں صرف میں ہی سُن رہا تھا کیوں کہ جو لوگ عباس کے ڈرائنگ کم ڈائننگ رُوم میں بیٹھے تھے، اُن میں کسی کو بھی اِن کا پس منظر معلوم

اور پھر عباس نے وحید انور سے کہا۔

"الماری میں سے 'انقلاب' کی ایک جلد نکال کر ذاکر صاحب کو پیش کرو، اِسے خریدتا تو کوئی ہے نہیں۔"

جتنی دیر وحید انور کو کتاب نکالنے میں لگی اِتنی دیر میں عباس نے 'انقلاب' کی بڑی دل چسپ کہانی سنائی۔ اُس نے کہا۔

"انقلاب کا رُوسی زبان میں نوّے ہزار کا ایڈیشن شائع ہوا۔ کئی برس کے بعد اسے انگریزی پبلشروں نے انگریزی میں چھاپا۔ اس کے بعد ہندی میں شائع ہوا۔ لیکن اُردو میں چھاپنے کے لیے کوئی پبلشر سامنے نہیں آیا آخر مجھے خود ہی چھاپنا پڑا۔ اِس کے اجرا کا انتظام میں نے اپنے گھر پر ہی کیا۔ اس موقع پر کافی لوگوں کو بُلایا۔ انھیں بڑھیا کھانا بھی کِھلایا اور سب کو انقلاب کی ایک ایک جلد بھی پیش کی۔ لیکن دوستوں کی بے نیازی دیکھیے کہ تبصرہ کرنا تو درکنار کسی نے چار سطروں میں اپنی رائے بھی نہ دی۔"

یہ کہتے ہوئے عباس کے چہرے پر ملال کا جذبہ ابھر آیا تھا۔

جب عباس نے ناول کی ایک جلد مجھے پیش کی تو صابر دت نے فوراً تصویر بھی لے لی وہ فوٹو گرافر بھی ساتھ لایا تھا۔ جب وہ 'فن اور شخصیت' کا عباس نمبر چھاپے گا تو اُسے عباس کی تصویروں کی بھی تو ضرورت ہوگی۔ میں، عباس اور صابر تو تخت پر بیٹھے تھے اور وحید انور سامنے کرسی پر بیٹھا تھا۔ 'انقلاب' کے بارے میں عباس نے خود لکھا ہے:

"'انقلاب' جیسا ناول لکھنے کے لیے (جس کا پس منظر مُلک کی سیاست بلکہ 'انقلاب' ہو) فرصت چاہیے جو مجھے نہیں تھی۔ فارغ البالی چاہیے جو مجھے حاصل نہیں تھی۔ ایک اچھا خاصا اسٹاف چاہیے ریسرچ کرنے کے لیے جو میرے پاس نہیں تھا، پبلشر سے بہت معقول ایڈوانس چاہیے جو مجھے ہندوستان میں نہیں مل سکتا تھا، پھر بھی میں نے اگست ۱۹۴۶ء کو یہ ناول لکھنا شروع کیا۔ ہڑتالوں اور اسٹرائیکوں کے زمانے میں میں نے اپنے ہیرو کے بچپن کے باب لکھے۔ جب چھٹی ملی (اتوار کی یا کوئی اور) تب ناول کو آگے بڑھایا۔ نتیجہ یہ ہوا کہ

۱۹۴۹ء تک یعنی تین برس میں صرف تیرہ باب لکھ پایا، وہ بھی انگریزی میں
پھر ایک مہینے کی چھٹی لے کر میں اپنی مرحومہ بیوی سمیت راس کماری گیا۔
پورا صندوق بھر کر کتابوں، اخباروں اور تراشوں کا ساتھ لے گیا اور وہاں
ایک کمرے میں جس کی کھڑکیوں میں سے تین طرف سمندر نظر آتا تھا، رات دن ایک
کر کے یہ ناول مکمل کیا۔"

پھر مہابردت عباس سے، عباس ہی کے سلسلے میں تفصیل سے بات کرتا رہا اور میں وحید انور سے الگ کہانیوں کی اینتھالوجی کے بارے میں گفتگو کرتا رہا۔

وحید انور کا مسئلہ یہ تھا کہ اس کی دو بیویاں تھیں۔ ایک ممبئی میں اور ایک حیدرآباد میں۔ آمدنی کا کوئی معقول ذریعہ نہیں تھا اس لیے معاشی طور پر اس کی حالت بہت اچھی نہیں تھی۔ وہ کہانیوں کی ایک اینتھالوجی پہلے چھاپ چکا تھا اور اس میں اس نے نقصان اٹھایا تھا۔ میں نے وحید انور سے کہا۔

"ارے بھائی تم اردو کی اینتھالوجی چھاپ کر دو بیویوں کو اقتصادی طور پر خوش کرنا چاہتے ہو۔ اردو ادیب تو ایک بیوی کو بھی خوش نہیں رکھ سکتا۔ کوئی چھوٹی دکان کر لو یار کہانیوں کی اینتھالوجی کا چکر چھوڑو۔"

میرا آخری جملہ شاید عباس نے سن لیا تھا۔

"یہ تمھاری بات نہیں سنے گا۔ یہ دھن کا بڑا پکا ہے۔"

"آپ سے زیادہ دھن کا پکا کون ہوگا عباس صاحب۔ راج کپور کے لیے بڑی کامیاب فلمیں لکھتے ہو۔ اور جو تھوڑا بہت پیسہ ان فلموں سے ملتا ہے اسے اپنی فلمیں بنانے پر خرچ کرتے ہو اور نقصان پر نقصان اٹھاتے ہو۔"

"یہ بات تو ٹھیک ہے۔"

"آپ نے بھی کسی کی بات مانی ہے جو وحید انور مانے گا۔"

"نہیں مانے گا۔"

"آپ کو فلم 'بوبی' کے بارے میں ایک لطیفہ سناؤں۔"

"سناؤ۔"

"بوبی' واقعی باکس آفس ہٹ تھی۔ چنڈی گڑھ کے دو سینما گھروں میں چل رہی تھی اور کسی شو کی ٹکٹیں آسانی سے نہیں ملتی تھیں۔ میں نے خود ڈپٹی کمشنر سے کہہ کر ٹکٹ منگوائے تھے۔ میرے ایک آئی۔ اے۔ ایس دوست کا لڑکا جس کی عمر مشکل سے سات برس کی ہوگی 'بوبی' کو بیس سے بھی زیادہ بار دیکھ چکا تھا۔ اس پر تو 'بوبی' کا پاگل پن سوار ہو گیا تھا۔ اُسے ہر شخص اور ہر چیز میں 'بوبی' نظر آتی تھی۔ اپنی ماں میں بھی، باپ میں بھی، بہن میں بھی، گھر کے ملازم میں بھی۔ جتنی تصویریں کمروں میں ٹنگی تھیں اُسے سب میں 'بوبی' نظر آتی تھی۔ اس کے گھر والے بے حد پریشان تھے۔ پڑوس کی کسی خاتون نے اُسے رائے دی کہ پاس کے گاؤں میں ایک پہنچا ہوا مہاتما تھا۔ اُس نے اس طرح کے کئی کیس ٹھیک کیے تھے۔ اُسے گھر بُلوا لو، وہ بچے کو ٹھیک کر دے گا۔ لڑکے کا باپ ہماری طرح کا آدمی ہے، اُسے اس طرح کی باتوں پر یقین نہیں تھا لیکن بیوی کے بار بار کہنے پر اس نے مہاتما کو بُلوایا اور اس کی بڑی خاطر تواضع کی۔ مہاتما تھا بڑا پربھاؤشالی۔ اُس نے بچے سے بڑی محبت سے 'بوبی' کے بارے میں بات کی اور اُسے بہت سمجھایا۔ جب بات بہت طویل ہو گئی تو جانتے ہو بچے نے مہاتما سے کیا کہا؟"

"نہیں۔"

"اُس نے کہا مہاتما جی مجھے تو آپ میں بھی 'بوبی' نظر آرہی ہے۔ یہ سارا سنسار ہی 'بوبی' ہے۔"

یہ کہہ کر بچہ 'بوبی' پکارتا ہوا کمرے سے باہر دوڑ گیا۔

لان میں 'بوبی'، 'بوبی' کا نام گونج رہا تھا۔

آواز کمرے میں بھی آرہی تھی۔"

"پھر کیا ہوا؟" ضیا بر نے پوچھا۔

"مہاتما جی اپنی چمکتی ہوئی لمبی داڑھی پر ہاتھ پھیرتے ہوئے چلے گئے۔ اور میرا آئی۔ اے۔ ایس دوست اُسے اپنی گاڑی میں بٹھا کر ڈرائیور سے کہہ رہا تھا۔۔ مہاتما جی کو واپس چھوڑ آؤ۔"

ہم لوگ دیر تک ہنستے رہے۔

عباس نے بامبے ٹاکیز کے لیے پہلی فلم "سنسار" ۱۹۴۱ء میں لکھی۔ 'اچانک' اس کی آخری پکچر تھی جس کی کہانی اس نے رُویم پکچرز کے لیے ۱۹۷۲ء میں لکھی، لیکن وہ دُوسروں کے لیے کہانیاں لکھ کر مطمئن نہیں تھا کیوں کہ جو پیغام وہ عوام تک پہنچانا چاہتا تھا وہ ان فلموں کے ذریعہ اُن تک نہیں پہنچتا تھا۔ اس کا احساس تو اُسے دس گیارہ فلمیں لکھنے کے بعد ہی ہو گیا تھا۔ اس لیے ۱۹۵۱ء میں نیا سنسار پروڈکشن کے نام سے اپنا فلمساز ادارہ بنایا اور اس کے تحت بارہ فلمیں بنائیں۔ 'انہونی'، 'منّا'۔ 'چار دل چار راہیں'، 'ہمارا گھر'، 'بمبئی رات کی بانہوں میں'، 'دو بوند پانی'، 'دنکسلائیٹ'، 'راہی'، 'پردیسی'۔ 'شہر اور سپنا'، 'آسمان محل'، 'سات ہندوستانی'، اور 'فاصلہ'۔ اس کی آخری فلم 'ایک آدمی' تھی جو اپنے اِنتقال سے پہلے شدید بیماری کے دَوران اس نے بنائی۔ وہ فلم شاید ریلیز نہیں ہوئی۔ ان میں سے کچھ فلموں کو نیشنل اور انٹرنیشنل ایوارڈ تو ملے لیکن مجموعی طور پر عباس کے لیے اپنی فلمیں بنانا گھاٹے کا سودا ثابت ہوا۔ اُس کے سامنے نیا سنسار کے بینر کے تحت فلمیں بنانے کا ایک مقصد تھا۔ عباس نے اپنے اس مقصد کا اظہار اس طرح کیا ہے:

> 'مجھے کچھ کہنا ہے' اور اسی کو مَیں کبھی مضمون لکھ کر، کبھی کتاب لکھ کر، کبھی فلم بنا کر، کبھی ڈرامہ لکھ کر کہتا ہوں اور بار بار کہتا رہتا ہوں۔ کیا فائدہ ہوتا ہے؟ ایک چھوٹا طبقہ نوجوانوں کا جو مجھے اور میری تخلیقات کو پسند کرتا ہے اور میری تصانیف کو پڑھ کر اور میری فلم دیکھ کر سوشلزم، اِنسان پرستی، عالمی امن کی طرف ہو جاتا ہے۔ یہ چند لوگ میری کاوشوں کا صِلہ ہیں اور اگر اُن کی تعداد بڑھتی گئی تو مَیں اپنی زندگی کو کامیاب سمجھوں گا۔"

خواجہ احمد عباس سے میری دوستی کی ایک وجہ اور بھی تھی۔

وہ تھی ان کے چچازاد بھائی خواجہ غلام السیّدین صاحب کی شخصیت۔ سچ تو یہ ہے کہ عباس خود اپنے بھائی کی شخصیت سے متاثر تھا اور اس کا ایک خواب یہ بھی تھا کہ وہ کبھی غلام السیّدین جیسا بنے گا۔

سیدین صاحب سے میری پہلی ملاقات اس زمانے میں ہوئی تھی، جب وہ ریاست جموں کشمیر میں ڈائرکٹر تعلیمات تھے۔ میں اُن دِنوں پرنس آف ویلز کالج سے گریجویشن کی تھی اور 'بزمِ ادب'، جموں سے وابستہ تھا اور ہفتہ وار 'چاند' اور 'رنبیر' کے لیے رپورٹنگ بھی کرتا تھا۔ ہم نے دانشوروں کا ایک فورم بھی بنا رکھا تھا جس کی باقاعدہ میٹنگیں ہوتی رہتی تھیں۔ یہ اُن دنوں کی بات ہے جب نواب مرزا جعفر علی خاں اثر ریاست کے وزیر ترقیات تھے۔ سیدین صاحب کے اور اثر صاحب کے بڑے گہرے مراسم تھے، اور ہم نے اِن دونوں حضرات کی اپنے فورم کے لیے سرپرستی حاصل کر لی تھی۔ سیدین صاحب کی عالمانہ تقریریں سننے کے سنہرے مواقع مجھے بھی ملے۔ اندازِ بیان، زبان کی خوبصورتی اور معلومات کا ایک خزانہ اور پھر ان کی من موہ لینے والی مسکراہٹ، اُن کی شخصیت نے مجھے بے حد متاثر کیا اور مجھے ان کی قربت نصیب ہوئی۔ یہ قربت برسوں تک قائم رہی، جب وہ مرکزی سرکار میں بطور سکریٹری ایجوکیشن تعینات ہوئے تو اُن سے اکثر ملاقاتیں رہتی تھیں اور ان ہی کے گھر کبھی کبھی عباس سے بھی ملاقات ہو جاتی تھی۔ عباس سے میری دوستی کا آغاز سیدین صاحب کی وجہ سے ہی ہوا تھا اور وہ میرے اور عباس کے درمیان ایک بہت مضبوط کڑی بنے رہے۔ سیدین صاحب تو اب ہمارے درمیان نہیں لیکن ان کی دونوں بیٹیاں ذکیہ ظہیر اور سیدہ سیدین مجھے اپنا بھائی سمجھتی ہیں، انھوں نے مجھے سیدین ٹرسٹ کا سکریٹری بھی بنا رکھا ہے، جس کے تحت ہم کوئی نہ کوئی ادبی، سماجی اور تعلیمی پروگرام بھی کرتے رہتے ہیں۔ جب تک صالحہ عابد حسین حیات تھیں ان سے بھی میری ملاقاتیں رہیں بلکہ اُن سے ہم نے ہریانہ اُردو اکادمی کے لیے ایک کتاب 'بزمِ دانشوراں' بھی مرتب کرائی۔

بمبئی کی جس ملاقات کا میں نے ذکر کیا ہے وہ عباس سے میری آخری ملاقات تھی۔ اس کے بعد ہم دونوں پھر نہیں مل سکے۔

جب میرا ناول 'کرماں والی' چھپا تو میں نے اُس کی ایک کاپی عباس کو بھیجی تاکہ اس کی رائے جان سکوں۔ اِس کی رائے جو میں نے 'کرماں والی' کے دوسرے ایڈیشن اور ہندی اور پنجابی کے ایڈیشنوں میں چھاپی، اس بات کی مظہر ہے کہ عباس زندگی بھر 'انسان دوستی'

عالمی امن اور بھائی چارے کی تلقین کرتا رہا، چاہے وہ ذریعہ کہانی کا تھا۔ ناول کا تھا یا فلم کا۔ 'کریاں والی' پر عباس کی رائے میرے لیے بہت قیمتی ہے۔ ملاحظہ کریں؛

"مرحوم کرشن چندر کی طرح کشمیری لال ذاکر بھی جذباتی طور پر انسانیت کے پجاری ہیں۔ انھیں بھی انسانیت کی عظمت پر اٹوٹ بھروسہ ہے۔ یہ بھروسہ اور یقین اُن کے ناول کے ہر صفحے سے جھلکتا ہے۔

مشرقی پنجاب کے دیہات میں جو کلچر تھا، وہ ہندوؤں، مسلمانوں اور سکھوں سبھی کی روایات سے مل کر بنا تھا، یہ کلچر سب کا سانجھا تھا، دیہات کے کھلیانوں میں پروان چڑھتا ہوا کلچر، یہ مشترکہ کلچر صرف ملنا سکھاتا تھا، بچھڑنا اور الگ ہونا نہیں۔ آپسی پیار سکھاتا تھا نفرت اور ہنسا نہیں۔ یہ ملا جلا کلچر تقسیم ملک کے بعد ختم ہو گیا ہے۔

کاش! اس ناول کو علی گڑھ اور مراد آباد کے ہی نہیں بلکہ سارے ہندوستان کے ہندو اور مسلمان پڑھیں اور اس سے کچھ سیکھیں۔

'کریاں والی' کی کہانی تمام انسانیت کی کہانی ہے۔ امید اور آشا کی کہانی ہے۔ جو نئی بھی ہے اور پرانی بھی۔ بہت پرانی۔ کشمیری لال ذاکر نے یہ ناول قلم میں روشنائی بھر کر نہیں بلکہ انسانیت کے آنسوؤں سے روشنائی کا کام لے کر لکھا ہے۔"

مجھے افسوس ہے کہ اردو ادب میں عباس کے دوستوں، اس کے پڑھنے والوں، اس کے نقادوں نے اسے وہ مقام نہیں دیا جس کا وہ حق دار تھا۔ عباس کی موت کے دوسرے ہی دن اس کے دوستوں کا حلقہ سُکڑنے لگا اور اب تو لگتا ہے، کوئی اُسے یاد بھی نہیں کرتا۔ وہ زندگی بھر ہر کسی کے کام آتا رہا، لیکن موت کے بعد سب اس کے احسان بھول گئے۔ لگتا ہے کہ دھیرے دھیرے لوگ اس کے یومِ وفات کو بھی بھول جائیں گے۔

ہریانہ اردو اکادمی نے اپنے فرض کو پہچانا اور عباس کی پہلی برسی پر پانی پت میں ایک بہت بڑا سیمینار کیا جس میں سارے ہندوستان سے آئے اسکالروں نے شرکت کی اور اس کی زندگی کے مختلف پہلوؤں کو اُجاگر کرنے کے لیے اپنے مقالے پیش کیے۔ ان

تمام مقالات کو راج نرائن رازؔ نے ایڈیٹ کیا ہے اور اکادمی نے انھیں "خواجہ احمد عباس افکار، گفتار اور کردار" کے عنوان سے چھاپ کر اسکالرز کے لیے عباس کی زندگی کے مختلف پہلوؤں پر لکھی گئی تحریروں کو ایک جگہ اکٹھا کر دیا ہے۔

مجھے یہی اطمینان ہے کہ ہم نے پانی پت کے اس عظیم سپوت اور مولانا الطاف حسین حالیؔ کے پرنواسے کو اپنا خراجِ عقیدت پیش کر کے سرخ روئی حاصل کرلی۔

عباسؔ نے اپنے بارے میں کیا کہا تھا۔ وہ بھی ملاحظہ کریجیے:

"میری ہستی سے دُنیا میں کوئی اِنقلاب نہیں آیا۔ کوئی لیلیٰ مجنوں جیسا لازوال عِشق نہیں ہوا۔ کوئی لافانی کِتاب نہیں لکھی گئی۔ آرٹ کا کوئی شاہکار تخلیق نہیں ہُوا اور کوئی نیا بّرِاعظم دریافت نہیں ہُوا۔"

لیکن یہ بھی حقیقت ہے کہ عباسؔ کبھی اپنے ماحول اور اپنے معاشرے سے کٹا ہُوا ایک معمولی سا جزیرہ نہیں بنا۔

ایک بدخط آدمی

فکر تونسوی

مجھے بہت دنوں تک یہ یقین رہا کہ مجھ سے زیادہ بدخط اُردو کا کوئی اور ادیب نہیں۔ میرے بدخط ہونے کی تصدیق ان لوگوں سے بھی ہوتی رہی جو میری کتابوں کی کتابت کرتے تھے اور کتابت کی غلطیوں کی ذمہ داری اپنے پر نہیں مجھ پر ڈالتے تھے۔

میرا یہ یقین اس دن ٹوٹا جب فکر تونسوی کا میرے نام پہلا خط آیا۔ اس بات کو بھی اب چالیس سال سے زیادہ عرصہ ہو چکا ہے۔ کئی بار پڑھنے کے بعد بھی فکر تونسوی کے لکھے ہوئے کئی الفاظ میری سمجھ میں نہیں آئے اور اس دن میں نے اپنا نام جو بدخط ادیبوں کی میری بنائی ہوئی فہرست میں اوّل نمبر پر تھا، کاٹ دیا اور اس کی جگہ فکر تونسوی کا نام لکھ دیا۔ پھر اس بات کی مزید تصدیق اس دن ہوئی جب فکر تونسوی نے اپنی کتاب "فکرنامہ" مجھے پیش کی اور کتاب کے پہلے صفحے کی پیشانی پر یہ الفاظ لکھے۔

"ذاکر صاحب کی نذر!

جو بیک وقت خادم و مخدوم ہیں

فکر تونسوی

۲۳ر نومبر، ۸۰"

یہ بات لگ بھگ بیس سال پہلے کی ہے۔ ان دنوں کی جب فکر زندہ تھا اور پیاز کے چھلکے اتارنے میں مصروف تھا۔ اس کی قسمت میں صرف چھلکے ہی چھلکے

تھے، پیاز نہیں۔ اپنے لیے پیاز تو وہ زندگی بھر بازار ہی سے خریدتا رہا۔ بیوی اسے پیاز خریدنے پر مجبور کرتی رہی اور وہ ان کے چھلکے اُتارتا رہا اور بیوی پر مضمون لکھ کر اپنی جھلاہٹ دُور کرتا رہا۔

آج جانے کیوں میں "فکرنامہ" کو کتابوں کی الماریوں سے نکال کر دوبارہ پڑھنے لگا ہوں۔ دوبارہ نہیں بلکہ پہلی ہی بار پڑھ رہا ہوں۔ جس دن اس نے میرے گھر میرا مہمان بن کر، اپنی کتاب مجھے دی تھی، اس دن تو صرف اِدھر اُدھر ہی سے اِسے کھنگالا تھا، غور سے پڑھا نہیں تھا۔ پڑھ تو آج رہا ہوں۔ رات کے گہرے سنّاٹے میں، بستر میں لیٹے ہوئے، اپنے ٹھنڈے پاؤں کو گرمی پہنچانے کے لیے ہاٹ واٹر بائل رکھے ہوئے، اور سوچ رہا ہوں کہ فکر کو مرے ہوئے اب کئی مہینے گذر گئے ہیں اس کی موت پر تو ہریانہ اُردو اکادمی میں، ہم نے ایک تعزیتی جلسہ بھی کیا تھا۔ اور ایک تعزیتی ریزولیوشن بھی پاس کیا تھا اور اس جلسے میں فکر کے بارے میں کئی تقریریں بھی ہوئی تھیں۔ اس کی موت کی خبر ہم نے ہریانہ اُردو اکادمی کے خبرنامہ میں چھاپی تھی اور ساتھ میں فکر کا ایک بہت ہی پیارا سا فوٹو بھی شائع کیا تھا۔

اُردو کے مرحوم ادیب کے ساتھ تو بس یہی کچھ ہوتا ہے۔ ریڈیو اور ٹیلی ویژن پر ایک مختصر سی خبر۔

انگریزی اخباروں میں کہیں کونے کُھدرے میں چھپا ہُوا ایک مختصر سا نوٹ، اُردو اخباروں میں ذرا بڑی خبر۔

ایک آدھ انجمن کا تعزیتی جلسہ اور اس کے پسماندگان کو صبر کی تلقین۔ اور مرحوم کی رُوح کے لیے امن اور سکون کی دُعا۔

یہ سب تو ہو چکا تھا فکر تونسوی کے لیے۔ بلکہ کچھ زیادہ ہی ہو چکا تھا۔ ایک آدھ رسالے نے اس کے بارے میں کئی مضمون بھی چھاپے تھے اور اس کی کئی تصویریں بھی شائع کی تھیں اور اس کی موت کی تفصیلات سے بھی پڑھنے والوں کو باخبر کیا تھا۔

اِتنا بھی کہاں ہوتا ہے ایک اُردو ادیب کے لیے۔ لیکن یہ سب بھی تو کبھی ہوتا

ہے، جب وہ آخری سفر کر چکتا ہے۔ جب تک وہ سفر کی مختلف منزلیں طے کرتا رہتا ہے اور زندہ رہنے کی تہمت برداشت کرتا رہتا ہے، اسے پوچھتا ہی کون ہے۔ اُردو ادیب کے نام کے ساتھ جب تک مرحوم کی اضافت نہ لگ جائے اسے کوئی اہمیت ہی نہیں دینا چاہیے وہ غالب ہو یا اقبال ہو یا فیض، یا کرشن چندر۔ اس لحاظ سے فکر تونسوی خوش قسمت تھا کہ اس کے لیے کچھ تو ہوا۔ اس کے مرنے کے بعد ہی ٹیلی ویژن والوں نے اس کا سیریل "فکر نے کہا تھا" کچھ عرصہ جاری رکھا۔ ورنہ اتنے بے سروپیر سیریلز میں بے چارے فکر کے سیریل کا کیا مقام تھا۔ اور وہ بھی اس وقت جب وہ مرحوم ہو چکا تھا۔

مَیں خود حیران ہو رہا ہوں کہ ڈرامے کا آخری سین ختم ہو جانے کے بعد اور اسٹیج پر پردہ کھینچ دینے کے بعد میں پھر سے خالی اسٹیج پر کھڑا ہو کر اور ہال میں خالی کرسیوں کے درمیان کیوں، اس ڈرامے کے کرداروں کو اِدھر اُدھر حرکت کرتے ہوئے اور مکالمے ادا کرتے ہوئے محسوس کرنے کی کوشش کر رہا ہوں۔ جن میں سے اس وقت کوئی بھی کردار اندھیری اسٹیج پر موجود نہیں ہے۔

مَیں اس وقت "فکر نامہ" کیوں پڑھنے لگا ہوں جب فکر تونسوی تو کئی ماہ پہلے اس سب جھنجھٹ سے آزاد ہو چکا ہے اور اب وہ اس سے بے نیاز ہے کہ کوئی اس کی تحریروں کو پڑھتا ہے یا نہیں؟ میرے پاس اپنے اس عمل کا کوئی جواز نہیں۔ صرف اتنا کہہ سکتا ہوں کہ مَیں فکر کو دہرا رہا ہوں کہ اس کی باتیں میرے ذہن میں محفوظ رہیں اور اس کی یادوں سے میری وابستگی بنی رہے۔ مَیں اس مضمون میں "فکر نامہ" ہی کے کچھ حصے پیش کروں گا تاکہ کچھ لمحوں کے لیے اس کی شخصیت سے تعلق بنا رہے۔ بقول فکر تونسوی اس کے تعلقات کئی لوگوں سے اور کئی چیزوں سے کشیدہ رہے۔ ذرا اسی کی زبان سے سُنیے۔

"فکر نامہ" کا آغاز "فکر بیتی" سے ہوتا ہے۔ اس کے کچھ اقتباسات ملاحظہ کیجیے:

"میرے جنم پر دیوتاؤں نے آکاش سے پھول نہیں برسائے کیونکہ وہ ہمیشہ سے راج محل پر پھول برسانے میں مصروف تھے۔ وہاں ایک شہزادے نے جنم لیا تھا۔ یعنی جنم سے ہی میرے اور دیوتاؤں کے تعلقات کشیدہ ہو گئے۔ اب تک کشیدہ ہیں۔"

"یہ ٹھیک ہے کہ شہزادے اور ادیب کو ایک ہی تاریخ اور ایک ہی نکشتر میں پیدا نہیں ہونا چاہیے۔ اِسے آپ قانونِ فطرت کا نقص بھی کہہ سکتے ہیں۔ لیکن دیوتاؤں کا عمل بھی غیر شریفانہ نہیں ہونا چاہیئے تھا۔ انھیں پھولوں کے استعمال کا مناسب ڈھنگ آنا چاہیے تھا اور اگر نہیں آتا تو خدا کو کچھ انٹیلی جینٹ دیوتا پیدا کرنے چاہئیں۔"

"بیس برس بعد میرے باپ نے مجھ پر انکشاف کیا۔ تمھاری پیدائش کی خبر مجھے جیتو ساربان نے سنائی تھی تو میرے منھ سے صرف اتنا نکلا تھا۔ یہ ساتواں بچہ ہے اور شاید دوسرے بھائیوں کی طرح بھوکوں مرنے کے لیے پیدا ہوا ہے۔"

"یعنی میرے والد (محترم) کے لیے میری پیدائش کی اہمیت صرف ہندسوں تک محدود تھی، پانچواں، چھٹا، ساتواں۔ نتیجہ یہ ہوا کہ دیوتاؤں کے ساتھ ساتھ ہندسوں سے بھی میرے تعلقات بگڑ گئے۔ آج تک بگڑے ہوئے ہیں۔"

"جیمنی داس رنگ ساز مجھ سے آٹھ گھنٹے روزانہ کام لیتا تھا اور دو آنے روزانہ دیتا تھا۔ میں اس کی بھارت رنگ ساز کمپنی میں حسیناؤں کے دوپٹے اور معززین کی پگڑیاں، نارنجی، گلابی، سرمئی رنگتا تھا کیوں کہ مجھے بھوک لگتی تھی اور کمپنی کو اس بھوک کا علم تھا۔ دو آنے میں دال روٹی تو ملتی تھی لیکن آلو گوبھی کی اسپیشل سبزی نہیں ملتی تھی۔ ڈھابے کے مالک سری چند کو میں نے لاکھ سمجھایا کہ اسپیشل سبزی کے لیے میرا من بے حد

للچاتا ہے۔ لیکن وہ کہتا لالچ بری بلا ہے۔ شاستروں میں اسے پاپ کہا گیا ہے۔ میں نے سوچا، شاستر دو آنے روزانہ پانے والوں کے لیے نہیں لکھے گئے۔ اور ایک دن بور ہو کر میں نے جیمنی داس سے کہہ دیا۔۔۔ ماسٹر جی کبھی کبھی یوں لگتا ہے، جیسے میرے آپ کے تعلقات کشیدہ ہو جائیں گے۔"

فکر تونسوی نے جوان ہونے تک دیوتاؤں سے، ہندسوں سے، شاستروں سے، اونچے طبقے سے، غرض کہ سماج کی بہت سی بااثر اکائیوں سے اپنے تعلقات کشیدہ کر لیے تھے۔ تعلقات کی اسی کشیدگی نے پہلے اسے شاعر بنایا اور اس نے "ہیولے" میں ناقابلِ فہم قسم کی نظمیں لکھ کر پڑھنے والوں سے بھی اپنے تعلقات کشیدہ کرنے کی کوشش کی اور پھر وہ ایک طنز نگار بن کر بے چاری بیوی کو اپنی تحریروں کا نشانہ بنا کر پڑھنے والوں سے تعلقات استوار کرتا رہا۔ اور جب اس کے تعلقات بہت حد تک استوار ہو گئے تو وہ اس استواری کو بھی برداشت نہ کر سکا اور اپنے دامن پر جمی رشتوں کی گرد کو ایک دم جھاڑ کر چلتا بنا۔

فکر تونسوی شاید تعلقات بنانے میں نہیں انھیں توڑنے میں یقین رکھتا تھا۔

"فکرنامہ" کے چیپٹر "آہ! فکر تونسوی" کے کچھ اقتباسات ملاحظہ کیجیے:

"بالآخر ہندوستان کے (بزعم خود مشہور اور معروف) ادیب جناب فکر تونسوی راہیِ ملکِ عدم ہو گئے۔ اس سے پہلے ان کے والد صاحب بھی انتقال کر گئے تھے اور اس سے پہلے دادا صاحب بھی۔"

"مرحوم موضع تونسہ، ملک پنجاب میں پیدا ہوئے تھے۔ مگر مرے دہلی میں۔ موت کے وقت بریلی میں ہوتے تو بریلی میں مرتے۔ جوانا مرگ نہیں تھے اور خوشی کا مقام ہے کہ وہ اپنی عمر سے نسبتاً زیادہ ہی جی کر مرے۔"

"مرحوم کو برسوں پہلے ایک پامسٹ نے بتا دیا تھا کہ آپ کو مرنے سے پہلے بیش بہا دولت ملے گی۔ مگر افسوس کہ پامسٹ کی صرف ایک بات صحیح نکلی۔ یعنی وہ

مرگئے اور دولت والی بات انتہائی بے بنیاد نکلی۔ اس پامسٹ کے بارے میں عام مشہور تھا کہ اس کی وہی بات صحیح نکلتی ہے جو واقعی صحیح ہوتی ہے۔"

"مرحوم کے انتقال میں کوئی ہرج نہیں تھا۔ صرف ایک لحاظ سے یہ موت دردناک تھی کہ وہ مرنا نہیں چاہتے تھے کیونکہ انھیں دنیا میں ابھی بہت سے کام کرنے تھے۔ مثلاً انھیں ایک صوفہ سیٹ خریدنا تھا جس کی تمنا وہ پندرہ سال سے لیے پھرتے تھے! ایک پبلشر سے تو تو میں میں کرنا تھی جو ابھی تک (مرحوم کی شرافتِ نفسی کے باعث) ملتوی چلی آ رہی تھی۔ اور انھیں کسی حسینہ سے محبت بھی کرنا تھی کیونکہ یہ کام بھی گذشتہ چالیس برس سے التوا میں پڑا تھا!"

"مرحوم کو وہم تھا کہ وہ کسی اونچی جگہ سے گر کر مریں گے۔ چنانچہ مرحوم نے ہر اونچی چیز سے پرہیز کیا تھا۔ اونچے پہاڑ، اونچی سواری، اونچے جانور، اونچے آدمیوں حتیٰ کہ اونچے عہدے پر پہنچنے سے بھی بچتے تھے۔ ایک مرتبہ انھیں خدشہ پیدا ہوا کہ کہیں ترقی کرتے کرتے وہ کمیونسٹ پارٹی میں لیڈر نہ بن جائیں۔ چنانچہ اسی ڈر سے کمیونسٹ پارٹی چھوڑ دی۔"

میری معلومات کے مطابق فکر تونسوی واقعی اونچی جگہ سے گر کر مرا تھا۔ بیماری کے دوران وہ اوپر والے کمرے سے سیڑھیاں اتر کر اپنے ایک عزیز دوست کا ٹیلی فون سننے کے لیے نیچے آ رہا تھا کہ پاؤں پھسل گیا۔ اور یہ اونچی جگہ سے گرنا ہی اس کی موت کا باعث بنا۔

اس کے علاوہ بھی تو وہ اونچی جگہ ہی سے گرا تھا ایسی جگہ سے جہاں پر اردو کا ادیب پہنچتا ہی نہیں۔ کہاں تونسہ کا پسماندہ علاقہ اور کہاں ہندوستان کی راجدھانی دلی۔ کہاں جیمنی داس رنگ ساز کی دکان اور کہاں یہ گل مہر کالونی، کہاں وہ لورڈ تونسی اور کہاں یہ پیاز کے چھلکے کا کالم۔ کم سے کم اونچی جگہ سے گر کر مرنے والی بات تو سچ نکلی تھی پامسٹ کی۔

حقیقت تو یہ ہے کہ فکر تونسوی واقعی بہت اونچائی پر پہنچ کر ہمارے

درمیان سے اُٹھا۔

میں نے یہ مضمون 'فکرنامہ' سے شروع کیا ہے۔ مضمون کا آغاز فکر کی اس تقریر سے بھی ہوسکتا تھا، جو اُسے ہریانہ اُردو اکادمی کے "شام افسانہ" والے فکشن میں اگست ۸۷ کے آخری ہفتہ کرنا تھی۔ مجتبیٰ حسین اس دن میرے ساتھ بیٹھا فکر تونسوی کو بہت دیر تک ٹیلی فون کرتا رہا لیکن لگتا تھا۔ اس کا ٹیلی فون ڈیڈ پڑا تھا۔ شاید ٹیلی فون والوں سے بھی اس کے تعلقات کشیدہ ہو گئے تھے۔ محفل افسانہ تو بہر حال منعقد ہوئی اور اس کی صدارت بیگم صالحہ عابد حسین نے کی اور اپنا ایک افسانہ بھی پڑھا۔ یہ شاید ان کا آخری افسانہ تھا جو انھوں نے کسی محفل میں پڑھا تھا۔ کچھ روز پہلے صالحہ عابد حسین آپا بھی چلی گئیں۔ لگتا ہے دھیرے دھیرے اونچی جگہوں پر پہنچے ہوئے ہمارے دوست ایک ایک کر کے ہم سے جدا ہونے کا تہیہ کر چکے ہیں۔ اس میں بدخط لوگ بھی شامل ہیں اور خوش خط لوگ بھی۔ دیکھیے ہم خاک نشینوں کی باری کب آتی ہے۔

اور اب اس سمے جب آدھی رات گذر چکی ہے اور میری پلکیں نیند سے بوجھل ہونے لگی ہیں تو مجھے بڑی شدت سے یہ احساس ہو رہا ہے کہ فکر تونسوی مجھ سے زیادہ بدخط ضرور تھا لیکن وہ ذہنی اور قلبی طور پہ اتنا خوش خط تھا کہ کسی بھی فن کار نے اپنی کسی تصویر میں رنگوں کی اتنی خوبصورت خوش خطی نہیں دکھائی۔

فکر تونسوی اپنے ٹوٹے ہوئے ٹیڑھے میڑھے اور مبہم الفاظ کے ذریعے ایک ایسے مستقبل کے لیے خوبصورت رنگوں والے لباس تیار کرتا رہا، جنھیں اس نے اپنے خوابوں میں دیکھا تھا اور جس کے حصول کے لیے وہ تونسہ جیسے معمولی گاؤں اور اپنی محبوبہ سارباں کی لڑکی، بھاگو کو چھوڑ کر، لاہور کی تپتی ہوئی سڑکوں کی دھول پھانکتا، دہلی آگیا کیوں کہ اس کی تقدیر میں، مغلوں کے شہر کی مٹی لکھی تھی۔

مجھے اس وقت اپنا بدخط دوست اور دیرینہ رفیق بہت یاد آرہا ہے اور "فکرنامہ" کے ڈسٹ کور پر اس کے ہنستے ہوئے، شگفتہ چہرے کو دیکھ کر میری آنکھیں نم ہو گئی ہیں۔

بدخط دوستوں کی جس فہرست سے میں نے ایک دن اپنا نام کاٹ کر فکر کا نام لکھا تھا اب وہاں دوبارہ میں نے اپنا نام لکھ دیا ہے۔

چادر اِتنی میلی نہیں
راجندر سنگھ بیدی

یہ سن چالیس یا اکتالیس کی بات ہے۔

مَیں پرنس آف ویلز کالج جموں سے گریجویشن کر کے کچھ جرنلزم میں قسمت آزمائی کر رہا تھا اور کچھ کشمیر کی سیاست میں، مگر سیٹسفیکشن دونوں میں نہیں مِل رہی تھی۔ اگر تھوڑی بہت ذہنی آسودگی مِل رہی تھی تو اپنے تخلیقی کام سے جو کچھ اُلٹے سیدھے شعر کہنے اور کچھ علامتی قسم کی کہانیاں لکھنے تک ہی محدود تھی۔ لیکن میں پڑھتا بہت تھا۔ کہانیاں، ناول، شعر جن میں دوسری زبانوں میں تخلیق کیا ہوا ادب بھی شامل تھا۔ بس انھیں دنوں میں نے راجندر سنگھ بیدی کی کہانیاں پڑھی تھیں جن میں سے بیشتر کہانیاں میری سمجھ سے باہر تھیں لیکن بیدی کی کہانیاں مجھے اچھی لگتی تھیں کیوں کہ ان میں ایک نیا پن تھا اور کچھ ایسی علامتیں تھیں جو مجھے پسند تھیں۔ بیدی رمزیات کا ماہر تھا اور اشاروں اور کنایوں میں بات کرتا تھا۔ ان دنوں میری تمام تر معلومات ریاست جموں کشمیر تک ہی محدود تھیں۔ جس کے دُور دراز علاقوں میں بھی میری آوارگی پہنچی ہوئی تھی۔ جموں اس زمانے میں ایک پچھڑا ہوا شہر تھا جس میں ترقی پسندی کی صرف ایک بات یہ تھی کہ وہاں کا پرنس آف ویلز کالج دُور دُور تک اپنی شہرت رکھتا تھا اور وہ صرف اکلوتا ایسا کالج تھا جو کوایجوکیشنل تھا اور جس میں طالبات۔ بڑے بڑے افسروں کی بیٹیاں تھیں جنھیں ہر دم اپنے اسٹیٹس کا خیال رہتا تھا۔

کالج کی تعلیم کے دوران ڈیکلیمیشن کونٹیسٹس میں شرکت کی غرض سے سیالکوٹ، لاہور، علی گڑھ اور لکھنؤ کے شہروں کو دیکھ آیا تھا اور مجھے لگتا تھا کہ وہ شہر کسی نہ کسی لحاظ سے میرے شہر سے مختلف ہیں۔ ایسے ہی ایک شہر لاہور میں راجندر سنگھ بیدی، جنرل پوسٹ آفس میں منی آرڈر کلرک تھا۔ جس کی تنخواہ ۷۵ روپے تھی۔ وہ متوسط طبقہ کے مخصوص ماحول میں اپنی زندگی گذار رہا تھا جس سے وہ خاصہ غیر مطمئن لگتا تھا۔ اور اس فرسٹریشن کے اظہار کے لیے اس نے کہانیاں لکھنا شروع کی تھیں۔ ایک کہانی جو کئی دنوں تک میری سمجھ میں نہیں آئی اس کا عنوان تھا "پان شاپ" کہانی کا پانوں کی دکان یا پان کھانے والوں کی عادتوں سے کسی قسم کا تعلق نہ تھا۔ کہانی میں جس سماجی ضرورت کا ذکر تھا اس کا اس طرح کا وجود میرے شہر میں نہیں تھا۔ یہ نہیں کہ جموں میں نچلے طبقے کے لوگ اپنی چیزیں گروی رکھ کر قرض نہیں لیتے تھے اور ضرورت سے کہیں زیادہ سود نہیں دیتے تھے یا پھر رقم کی واپسی کی میعاد ختم ہونے پر اپنی گروی رکھی ہوئی چیزوں سے ہاتھ نہیں دھو بیٹھتے تھے لیکن یہاں گروی رکھنے کی اس طرح کی دوکانیں نہیں تھیں جس طرح کی دوکانوں کا ذکر "پان شاپ" کہانی میں تھا۔ سچ پوچھیے تو میری طرح کئی ایسے لوگ تھے جن کی سمجھ میں بیدی کی یہ کہانی نہیں آئی تھی لیکن وہ اس کا کھل کر اظہار نہیں کرتے تھے۔ میری کمزوری یا ایمان داری یہی تھی کہ میں نے اس بات کا کھلے الفاظ میں اظہار کیا تھا لیکن میں نے بیدی کو پڑھنا نہیں چھوڑا۔ اس کی ہر کہانی کو غور سے پڑھا اور اسے سمجھنے کی کوشش کی۔ اس زمانے کی لکھی ہوئی بیدی کی کہانیوں میں مجھے سب سے اچھی کہانی "گرم کوٹ" لگی یہ ایک ایمان دارانہ کہانی تھی اور ایک ایسے شخص کی کہانی تھی جس کا متوسط طبقے کے نچلے حصے سے تعلق تھا۔ اور وہ شخص راجندر سنگھ بیدی خود تھا جس نے یہ کہانی فرسٹ پرسن میں لکھ کر شمی کے کردار کو بڑا عظیم بنا ڈالا تھا اور اس میں منی آرڈروں پر مہریں لگانے والا بیدی خود موجود تھا۔ جس نے مرانجا، وانجا کمپنی سے ایک سیکنڈ ہینڈ کوٹ خریدا تھا تاکہ وہ لاہور کی دسمبر میں پڑتی سردی سے بچ سکے۔ اس زمانے میں لاہور میں سردی پڑتی بھی بہت تھی۔ اب تو وہاں کی سیاست

نے اپنی گری سے لاہور کا ٹمپریچر فارن ہیٹ کر دیا ہے۔ بیدی نے اُردو ادب کو کچھ بہت ہی اچھے افسانے دیے ہیں جن میں "بھولا"، "گرم کوٹ"، "گرہن"، "لاجونتی"، "اپنے دکھ مجھے دے دو"، "بیل"، "جوگیا"، "کوکھ جلی"، "ٹرمنس سے پرے" شامل ہیں لیکن میں اپنے اس مختصر مضمون میں صرف بیدی کے ناولٹ "ایک چادر میلی سی" کے بارے میں بات کروں گا۔ اس کے افسانوں کے بارے میں نہیں۔

"ایک چادر میلی سی" کا مرکزی خیال چادر ڈالنے کا وہ رواج ہے جس کا پنجاب میں چلن ہے۔ یہ رواج بہت پُرانا ہے اور اس کی وجہیں اقتصادی اور سماجی دونوں ہیں۔ تعلیم کے فروغ کے ساتھ اب یہ رواج اتنا عام نہیں رہا۔ جب کوئی عورت بیوہ ہو جاتی تھی تو اس کی شادی اس کے خاوند کے چھوٹے بھائی سے کر دی جاتی تھی۔ یہ کوئی باقاعدہ قسم کی شادی نہیں ہوتی۔ نہ اس میں پھیرے ہوتے ہیں نہ کوئی پنڈت شلوک پڑھتا ہے۔ بس ایک سفید چادر تان دی جاتی ہے۔ اس کے نیچے دونوں کو بٹھایا جاتا ہے۔ قریبی رشتہ دار مرد اور عورتیں جمع ہوتی ہیں اور دیور جو اب تک ایک چھوٹے بھائی یا بیٹے کا رول ادا کرتا رہا تھا چند ہی لمحوں میں اپنی بھابھی کا شوہر بن جاتا ہے اور اپنے بڑے بھائی کے بچوں کا باپ۔ چادر ڈالنے کا یہ رواج اس لیے پر چلت تھا کہ گھر میں جوان بیوہ پر دوسروں کی نگاہیں نہ پڑیں اور وہ محفوظ رہے اور خاندان کے لوگ اسے بیوہ سمجھ کر اس سے بے توجہی نہ برتیں۔ دوسری وجہ سراسر اقتصادی تھی۔ زمین اور جائداد کا بٹوارہ نہ ہو اور اس کی ملکیت کا حق تقسیم نہ ہو۔ بیدی کیونکہ پنجاب کا رہنے والا تھا اس لیے اسے اس رسم کے بارے میں پوری واقفیت تھی۔ سوال یہ ہے کہ بیدی نے اتنے برسوں بعد کیوں اس تھیم کو اپنی ایک تخلیق کا مرکزی خیال بنایا۔ افسانے تو اس نے اس ناولٹ کو لکھنے سے لگ بھگ تیس سال پہلے لکھنے شروع کیے تھے۔ بلکہ ان دنوں تو وہ پنجاب ہی میں رہ بھی رہا تھا۔ اس تھیم کو اپنے ناولٹ کا موضوع اس نے اس وقت کیوں بنایا جب وہ مستقل طور پر بمبئی میں منتقل ہو چکا تھا اور پنجاب سے ایک طرح سے اپنا رشتہ توڑ چکا تھا۔ میری سمجھ میں اس کا ایک

ہی کارن نظر آتا ہے۔ وہ ہے فلمی دنیا کے تقاضے۔ فلم کے لیے واقعی یہ ایک نیا تھیم تھا اور اس میں تفریح کے بھی کئی پہلو نکلتے تھے۔ پنجاب کے کھیت کھلیان۔ پنجاب کے لوک گیت اور لوک ناچ۔ دیہات میں رہنے والے لوگوں کی معصوم دوستیاں اور شدید قسم کی دشمنیاں۔ پھر مذہبی رسومات میں ان کی آستھا۔ دیوی دیوتاؤں میں اندھ وشواس۔ کچھ دنوں سے ماتا دیوی کی بھینٹیں گانے کا بڑا رواج ہو گیا تھا۔ فلموں میں بھی اس کا استعمال ہو سکتا ہے یا اس موضوع پر کوئی فلم بھی بنائی جا سکتی ہے۔ بیدی نے اس کے بارے میں سوچا۔ بیدی جو اب ادیب صرف اس حد تک رہ گیا تھا کہ سال بھر میں دو تین کہانیاں لکھ لیتا تھا۔ ورنہ وہ خالص فلم کا آدمی بن چکا تھا اور اس کو شطرنج کے اس کھیل میں چلی جانے والی تمام چالوں کا علم ہو گیا تھا۔ یہ سب تو ٹھیک ہے لیکن اس موضوع کو جتنی خوبصورتی سے ٹریٹ کیا جا سکتا تھا بیدی نے اس خوبصورتی سے ٹریٹ نہیں کیا۔ موضوع کو سستی چیز بنانے کے لیے جن جن چیزوں کی ضرورت تھی ان سب کا استعمال اس نے کیا۔ اپنی اساطیری معلومات کو اس نے پوری طرح استعمال کیا اور عوام کے دیوی دیوتاؤں میں اندھ وشواس کو پوری طرح ایکسپلائٹ کیا۔ ناولٹ کا خوبصورت آغاز دیکھیے۔

"آج شام سورج کی ٹکیہ بہت ہی لال تھی۔ آج آسمان کے کونے میں ایک بے گناہ کا قتل ہو گیا تھا اور اس کے خون کے چھینٹے بکائن پر پڑے تلوکے کے صحن میں ٹپک رہے تھے۔ ٹوٹی دیوار کے پاس جہاں گھر کے لوگ کوڑا پھینکتے تھے۔ ڈبو منھ اٹھا اٹھا کر رو رہا تھا۔"

اور اب ذرا اندازہ کیجیے کہ فلم کے ڈائرکٹر کے لیے فلم کے پہلے شاٹ کے طور پر یہ کتنا پیارا منظر ہے۔ بیدی کے ذہن میں فلم کا جو مکمل منظر نامہ تھا اس نے اسے ہی پورے ناولٹ میں ڈھال دیا۔ چونکہ ہندوستانی فلموں میں غیر قدرتی باتوں کی اس لیے بھرمار کی جاتی ہے کہ اس سے لوگوں کی ذہنی تسکین ہوتی ہے۔

ناولٹ کے بڑے کردار تو تین ہی ہیں۔ رانو، تلوکا اور منگل۔ وہی پرانی مثلث

ایک عورت اور دو مرد۔ باقی تو سب ثانوی کردار ہیں جو صرف کہانی کو آگے بڑھانے کے لیے استعمال کیے گیے ہیں۔ ناولٹ میں پنجاب کی بولیاں جا بجا ٹھونسی گئی ہیں جن کی ضرورت نہیں تھی۔ مرزا صاحبان سے کچھ مصرعے لے کر انھیں بھی استعمال کیا گیا ہے جو ایک دم بے محل ہیں۔ پنجابی زبان کے الفاظ کو جان بوجھ کر جملوں میں اُلجھایا گیا ہے۔ وہ لوگ جو پنجابی زبان سے ناواقف ہیں انھیں بالکل نہیں سمجھیں گے۔ بیدی کا مقصد یہ تھا کہ پڑھنے والے یہ محسوس کرتے رہیں کہ اس کا پنجاب سے رشتہ پوری طرح قائم ہے اور وہ اپنی نجی زندگی کی طرح اپنے ناولٹ میں بھی سکھوں کے لطیفے استعمال کر سکتا ہے۔ یہ کوئی گرانٹ مین شپ کی بات نہیں۔ پڑھنے والوں کو صرف چونکانے کی بات ہے۔

اب ایک اور غیر قدرتی ٹریٹمنٹ دیکھیے۔ چادر کی رسم ادا ہونے والی ہے۔ آنگن میں میلی سی چادر تنی ہے جس کے نیچے کچھ گھڑے رکھے ہیں۔ ایک طرف پُرانی سی کائی ماری ٹھلیا پڑی ہے اور ان سب پر سِندور مچل رہا ہے۔ رانو کو لا کر چادر کے نیچے بیٹھا دیا گیا ہے۔ اب منگل کی تلاش ہو رہی ہے اور وہ گھر سے بھاگ گیا ہے۔ یہاں تک تو ٹھیک ہے لیکن جس انداز سے گاؤں والے اسے تلاش کرتے کرتے اس جگہ پہنچتے ہیں جہاں وہ چھپا بیٹھا ہے اور اس پر اس طرح جھپٹتے ہیں جس طرح شکاری شکار پر جھپٹتا ہے۔ وہ نہایت ہی غیر قدرتی ہے۔ ذرا دیکھیے۔

"لوگ آ کر سامنے کھڑے ہو گئے۔ منگل کوٹھڑی میں دو ہاتھوں کے بل جھکا دہشت کے عالم میں سب کو دیکھتا ہوا سچ مچ ایک جنگلی سؤر معلوم ہو رہا تھا۔ وہ نہتا تھا اور باقی سب کے سب مسلح۔ کہاں تو لوگوں نے شور سے آسمان سر پر اُٹھا رکھا تھا اور کہاں وہ اب آ کر سامنے کھڑے ایکا ایکی چُپ ہو گئے تھے۔ ایک دوسرے کی آنکھوں میں دیکھ رہے تھے، گھور رہے تھے ــــ دیکھیں پہلا وار کون کرتا ہے۔ شکار کس طرح لپکتا ہے.....
منگل کا نرخرہ کانپنے لگا اور لوگوں کے دل دھک دھک کرنے لگے کچھ دیر کی خاموشی کے بعد منگل نے ذرا سی جنبش کی۔ لوگوں نے ایک دم خائف ہو کر خالی زمین ہی پہ لاٹھیاں

برسانی اور ٹوکے چلانے شروع کر دیے ..... ایک شدید ڈر نے ان میں ایسا جوش، ایسی طاقت بھر دی کہ زمین میں بڑے بڑے شگاف ہو گئے۔

ایک بار پھر وہ ایکا ایکی چپ، ایک دوسرے کو دیکھنے لگے۔ شکار اور شکاری! منگل کے اپنے دوست اپنے ساتھی، آگے والے گورداس نے جی کڑا کیا اور آگے بڑھتے ہوئے بولا — 'دیکھتا ہوں یار، کون سا جگا ہے'۔

گورداس کے بڑھنے کی دیر تھی کہ کیسر سنگھ، جگوا، نواب، اسمٰعیل سب جھپٹ پڑے ان کے جھپٹنے کی دیر تھی کہ منگل نرغے میں سے نکلنے کے لیے لپکا پھر ہراول، ہراول اور قلب سب طرف سے لوگوں نے اسے آلیا جس کے ہاتھ میں لاٹھی تھی، لاٹھی جس کے ہاتھ میں جوتا تھا، جوتا منگل پر برسانے لگا۔ اگر وہ کچھ کرتا تو گنڈاسے سے اور ٹوکے بھی تھے.....

شور شرابا سُن کر راہ گیر جمع ہو گئے ..... منگل کو بالوں سے پکڑ کر بیچ کھیتوں اور کھلیانوں کے گھسیٹا جارہا تھا۔ سکھ ہونے کے ناطے نمبردار تارا سنگھ یا کیسر سنگھ کا فرض تھا کہ بالوں کو بے حرمتی سے بچاتے لیکن یہ سب کرنے میں وہی پیش پیش تھے اور اس میں اہم مزا اور انتقام لے رہے تھے گھسیٹے جانے کی اذیت سے اپنے آپ کو بچانے کے لیے منگل کچھ دُور تک اپنی مرضی سے ساتھ چل لیتا، لیکن پھر پیچھے کی طرف کھنچنے لگتا جیسے کسی اڑیل ٹٹو کو پانی پلانے کو لے جارہے ہوں ..... اس کے بدن، پھٹے ہوئے کپڑوں، لمبے لمبے کیسوں اور داڑھی میں دھر کونے کی جھاڑیاں، کپاس کی من چھٹیاں، مٹی کے ٹانڈے، خشک آگ میں سے اُڑنے والی بڈھی مائیاں اور نہ جانے کیا کچھ گھسٹتا آرہا تھا۔"

اس بات کو ضرور دھیان میں رکھیے کہ منگل کی شادی ہونے والی ہے۔ وہ دُلہا ہے اور اس کی دُلہن تنی ہوئی چادر کے نیچے بیٹھی اس کا انتظار کر رہی ہے۔

"عجیب سا دولہا تھا۔ بال بکھرے ہوئے اور سر پر پگڑی ندارد ..... ہاتھ میں کندسی کرپان، سہروں کی جگہ جھاڑیاں اور کانٹے، کیسر کے چھینٹوں کی جگہ کیچ کے تودے

آنکھوں میں محبت کے نشے کی بجائے نفرت، ندامت اور ہزیمت کے آنسو اور گدلا پن ... ... اور عجیب سی برسات، جیسے شیوجی پاروتی کو لینے آئے ہوں ..... گلے میں رودراکش کی مالائیں، اور سانپ، منہ میں دھتورہ اور بھانگ، کمر میں لنگوٹ اور کاندھے پر مرگ چھالا اور ہاتھوں میں ترشول ... ... براتی بندر اور لنگور، شیر اور چیتے اور ہاتھی .... اس پہ شہنائی کے بجائے ایک عجیب طرح کی کاہش اور خواہش، وحشت اور شہوت پیدا کرنے والی کتا مکھی کی بھنبھناہٹ اور آٹے کی مشین کی کو .... کو....کو .... کو۔"

اب دیکھیے ناولٹ کا آخری باب۔ اگر آپ کے سامنے ساری فلم کا منظر نامہ ہے تو سینما ہال میں بیٹھے لوگوں کو ذہن میں رکھتے ہوئے۔ تلوکے کا قاتل اور اس جاترن کا بھائی جس کی دھرم شالہ کے مالک مہربان داس اور اس کے ساتھیوں نے عصمت دری کی تھی یانو کی سب سے بڑی لڑکی کو بیاہنے کے لیے آرہا ہے۔ یاتریوں کا ایک جلوس دیوی ماتا کے درشنوں کے بعد کوٹلہ گاؤں کی طرف بڑھ رہا ہے۔ وہ نوجوان سر پر لال رنگ کا پٹکا باندھے دیوی کی بھینٹیں گا رہا ہے اور دیوی کی عقیدت کے نشے سے چُور ہو رہا ہے۔

ماتا رانی دے دربار، جوتاں جگدیاں
میا رانی ....
ہے میا اسیں ستے بھنیاں گوریاں
سر لال پھلاں دیاں جوڑیاں
ماتا رانی دے دربار، جوتاں جگدیاں

پھر منظر کھلا اور سب نے دیکھا چودھری مہربان داس اور اس کا بھائی گھنشام، سات سال کی قید کاٹ کر آرہے تھے۔ جاتریوں کے شور اور غوغے ان پڑتے ہوئے حال کے پس منظر میں ان کی گردنیں جھکی ہوئی تھیں اور نگاہیں زمین پر گڑی ہوئی ..... کمر سجدوں سے دوہری اور کان توبہ اور شرم سے لال .. ... صدیوں کے خشوع اور خضوع کے بعد اب ان کے ہونٹوں پر چپ چلی آئی تھی اور ان کی یہ چپ داستانیں کہہ رہی تھی .. ..

کیا یہ ایک باکس آفس والی فلم کا صحیح کلائمکس نہیں ہے۔
لیکن یہ کسی اچھے ناول یا ناولٹ کا کلائمکس نہیں ہو سکتا۔ میرا یہ خیال ہے کہ "ایک چادر میلی سی" فلم اس عنوان کے ناولٹ سے کہیں زیادہ خوبصورت اور اثر انگیز ہے۔
آخری فیصلہ آپ پر!
بیدی نے اپنے مضمون "افسانوی تجربہ اور اظہار کے تخلیقی مسائل" میں ایک جگہ لکھا ہے:

"فن کسی شخص میں سوتے کی طرح نہیں پھوٹ نکلتا۔ ایسا نہیں کہ آج رات آپ سوئیں گے اور صبح فن کار ہو کر جاگیں گے۔ یہ نہیں کہا جا سکتا کہ فلاں آدمی پیدائشی طور پر فن کار ہے، لیکن یہ ضرور کہا جا سکتا ہے، البتہ کہ اس میں صلاحیتیں ہیں، جن کا ہونا بہت ضروری ہے چاہے وہ اسے جبلت میں ملیں اور یا وہ ریاضت سے ان کا اکتساب کرے۔ پہلی تو یہ کہ وہ ہر بات دوسروں کے مقابلے میں زیادہ محسوس کرتا ہو، جس کے لیے ایک طرف تو وہ داد و تحسین پائے اور دوسری طرف ایسے دکھ اٹھائے، جیسے کہ اس کے بدن پر سے کھال کھینچ لی گئی ہو اور اسے نمک کی کان سے گذرنا پڑ رہا ہو۔ دوسری صلاحیت یہ کہ اس کے کام و دہن اس چرند کی طرح ہوں جو منہ چلانے میں خوراک کو ریت اور مٹی سے الگ کر سکے۔ پھر یہ خیال اس کے دل کے کسی کونے میں نہ آئے گا سلیٹ یا بجلی کا زیادہ خرچ ہو گیا۔ یا کاغذ کے ریم پر ریم ضائع ہو گئے۔ وہ جانتا ہو کہ قدرت کے کسی بنیادی قانون کے تحت کوئی چیز ضائع نہیں ہوتی۔ پھر وہ ڈھیٹ ایسا ہو کہ نقش ثانی کو ہمیشہ نقش اول پر فوقیت دے سکے۔ پھر اپنے فن سے پرے کی باتوں پہ کان دے مثلاً موسیقی، اور جان پائے کہ استاد آج کیوں سُر کی تلاش میں بہت ہی دُور نکل گیا ہے۔ مصوری کے لیے نگاہ رکھے اور سمجھ وسی واسی میں خطوط کیسی رعنائی اور توانائی سے ابھرے ہیں۔ اگر یہ ساری صلاحیتیں

اس میں ہوں تو آخر میں ایک معمولی سی بات رہ جاتی ہے اور وہ یہ کہ جس ایڈیٹر نے اس کا افسانہ لوٹا دیا ہے، 'گدھا ہے۔ !"

جہاں تک افسانے کا تعلق ہے۔ راجندر سنگھ بیدی ایک بڑا افسانہ نگار ہے —— اور اس کے کچھ افسانے دنیا کے بہترین افسانوں میں شمار کیے جا سکتے ہیں لیکن وہ ناول نگار سرے سے ہی نہیں ہے۔ وہ چھوٹے کینوس پر تو نہایت ہی خوبصورتی سے رنگ بھر سکتا ہے اور شاہکار تخلیق کر سکتا ہے۔ لیکن کسی بڑے کینوس پر کام کرنے کے لیے جس کرافٹ مین شپ کی ضرورت ہوتی ہے وہ بیدی میں نہیں ہے۔ اسی لیے اس نے کوئی ناول نہیں لکھا۔ صرف ایک ناولٹ "ایک چادر میلی سی" لکھا اور وہ بھی ان دنوں جب وہ ایک ادیب سے زیادہ فلم کا آدمی بن چکا تھا اور اپنی ہر تخلیق کے بارے میں اسی انداز سے سوچتا تھا۔ میرے خیال سے "ایک چادر میلی سی" اس نے فلم کی ضرورتوں کو سامنے رکھ کر ہی لکھا تھا۔ اس ناولٹ میں عظیم کیا ایک شاہکار بننے کی بھی صلاحیت نہیں۔ دراصل رانو کی چادر اتنی میلی نہیں تھی جتنی کہ بیدی نے اسے اپنے ہاتھوں سے بے دردی کے ساتھ مسل مسل کر کر دیا تھا۔ یہ اچھا ہوا کہ فلم میں ہیما مالنی نے اپنی اس چادر کو اتنا میلا نہیں ہونے دیا جتنا کہ راجندر سنگھ بیدی اسے کرنا چاہتا تھا۔

ایک دردمند انسان

ساحرؔ ہوشیارپوری

تقسیم ہند کے بعد جن فن کاروں سے تعلقات استوار ہوئے اُن میں ساحرؔ ہوشیارپوری کا نام میرے دل میں چراغ کی طرح روشن ہے۔ وقت کی مانگیں کبھی پُرانے رشتے تڑواتی ہیں اور کبھی نئے سمبندھوں کی روپ ریکھا بناتی ہیں۔ جہاں رشتوں کی پُرانی کڑیاں ٹوٹتی ہیں، اسی مقام سے کچھ نئی وابستگیوں کی شروعات بھی ہوتی ہے۔ تقسیم ملک سے جہاں کچھ بہت اچھے اور خوبصورت دوست پاکستان میں رہ گئے۔ وہاں کچھ پیاری شخصیتوں سے ہندوستان میں روشناس ہوا جہاں پرانے دوستوں کی یاد ستاتی ہے اور حسرتیں تڑپتی ہیں، وہیں نئے غم گساروں کے نرم ہاتھ اپنی مہربان لطافتوں سے دل کو سکون بھی دیتے ہیں۔

تقسیم کے بعد جب زندگی اور موت کی حدوں کو آپس میں بے دردی سے خلط ملط ہوتے ہوئے دیکھتا ہوا مفلوج ذہن لے کر ہندوستان کی سیماؤں میں داخل ہوا تو لگتا تھا کہ جیسے ایک زمانے تک زندگی کی خوبصورتیوں اور اس کی اعلیٰ قدروں پر ایمان نہیں لا سکوں گا اور کچھ عرصہ تک ایسا ہی ہوا۔ میں ایک پسماندہ علاقے گوڑگاؤں میں زندگی کے سمندر سے کٹ کر ایک چھوٹے سے جزیرے میں پناہ گزیں ہو گیا۔ اور اپنی بکھری ہوئی سوچوں کو سنبھالنے لگا۔ ٹوٹی پھوٹی آرزوؤں کو قرینے سے سجانے لگا پتے نظریات کو نئے ماحول کے پس منظر میں جھاڑنے پونچھنے لگا۔ کوشش تھی کہ اپنے گرد پھیلے گرد و غبار کو صاف کر لوں اور اپنی شخصیت کے آئینہ کو اُجال دوں۔ یہ کوشش کوئی آسان نہیں تھی۔ بڑا جان جوکھوں کا

کام تھا۔ کچھ بھی لکھنے کو جی نہیں چاہتا تھا۔ ایک جمود کی سی کیفیت تھی۔ اعلیٰ قدروں کی پاسبانی کرتے کرتے ہاتھ کٹ گئے تھے۔ اب کیوں ادیب بنے رہنے کا بھرم قائم رکھا جائے

دوستوں کو رفتہ رفتہ میرے ٹھکانے کا علم ہونے لگا اور وہ مجھے دوبارہ اپنے میدان میں گھسیٹ لانے پر مُصر ہو گئے۔ جن دوستوں نے اس جمود کی چادر کو پھاڑ دینے کی حد تک کوشش کی اُن میں بلونت سنگھ، صدیقہ بیگم سیوہاروی، محمد یوسف جامعی، شیام سندر پرویز، خوشتر گرامی، یونس دہلوی، عادل رشید، فکر تونسوی تھے۔ جنھوں نے نئے تقاضوں کا واسطہ دے کر اپنے فرائض کا احساس دلایا۔ ہریش چندر کھنہ، کرتار سنگھ دگل، اسلام مچھلی شہری، سہیل عظیم آبادی، نند لال چاولہ، ایس۔ ایس۔ ٹھاکر، جرنجیت، شیلا مدان، پرمیلا شرما نے مجھ سے آل انڈیا ریڈیو کے لیے لکھوا ڈالنے کے نہایت فن کارانہ ڈھنگ اختیار کیے اور آخر ایک دن جمود کی چادر تار تار ہو گئی۔ جمود کی اس چادر کو تار تار کرنے والوں میں ایک شخص اور بھی تھا، ساحر ہوشیار پوری۔ جس کا صرف نام سُنا تھا اُسے پہچانا نہیں تھا۔ نریش کمار شاد اور ساحر کانپور سے ایک بڑا حسین ماہنامہ چندن نکال رہے تھے۔ اس میں لکھنے کے لیے دونوں بھائیوں کا پیار اور خلوص بھرا اصرار تھا چنانچہ میں نے چندن کے سالنامہ کے لیے اپنی کہانی "موت" بھیجی۔ کہانی اچھی تھی یا بُری لیکن اس پر ابھی تک میرے چھٹتے ہوئے جمود کی مہین سی تہیں تھیں۔

چندن بند ہو گیا لیکن ساحر ہوشیار پوری کی محبت کے دروازے کُھل گئے اور ان ادھ کُھلے کواڑوں میں سے اس کی محبت اور خلوص کی مدھم مدھم چاندنی میرے قریب آ گئی۔ وہ ادھ کُھلے کواڑ وقت کے ساتھ ساتھ پوری طرح کُھل گئے۔ ہم دونوں نے ایک دوسرے کو پہچان لیا۔

ساحر کی زندگی ایک طویل سے طویل کہانی میں نہیں سما سکتی۔ اس کی زندگی پر تو ایک خوبصورت ناول لکھا جا سکتا ہے۔ ساحر کی شاعری اُس کی شخصیت کی طرح دل میں سما جاتی ہے۔ وہ کب اور کیسے سماتی ہے اس کی خبر جبھی ہوتی ہے جب ہم اُس کے شعر سُن کر بعد میں گنگنانے لگتے ہیں۔ ایسا ہی ایک شعر میں اکثر گنگناتا رہتا ہوں، کب اور کہاں سُنا تھا یاد نہیں ؎

چمن میں شگوفے جھُلستے رہے
بیاباں میں برسات ہوتی رہی

ساحر خاص غزل کا شاعر ہے اور یہ بڑے حوصلے کا کام ہے کہ کوئی فن کار اپنے آپ کو ایک خاص صنفِ ادب کے لیے وقف کردے۔ اس میں بڑی ریاضت کی ضرورت ہے اور بڑی قربانی کی بھی کیوں کہ اس کی ساری زندگی ہی ریاضت میں گزری ہے۔ شاید اسی لیے وہ فطرتاً ریاضت پسند ہے اور یہ ریاضت پسندی ہی اس کی شاعری کی جان ہے۔ غزل غنائی شاعری کا ایک بہت ہی اہم سنگِ میل ہے۔ اس مقام پر جذبات و احساسات اپنے جلوں میں دھڑکنوں کے کارواں رکھتے ہیں۔ اور تمام ماحول میں رنگینی، خوشبو اور نشے کی سی کیفیت رچا دیتے ہیں۔ نشے کی اس کیفیت سے ساحر اپنی غزلوں کو سرمست کر دیتا ہے:

اے دوست! یہی سوچتا رہتا ہوں میں اکثر
یہ قرب مجھے تجھ سے کہیں دُور نہ کر دے

نیم شب بادلوں کے سائے میں
تم مجھے یاد بار بار آئے

آج کس مست نے محفل میں قدم رکھا ہے
ایک لرزش سی نظر آتی ہے پیمانوں میں

لیکن یہ ایسا نشہ نہیں جو ہمیں ایک دم بے سُدھ کر ڈالے بلکہ یہ ہمیں اور بھی ہوشمند بناتا ہے اور ہم زندگی کے بارے میں بڑے نکھرے ہوئے انداز میں سوچنے لگتے ہیں:

زیست کی گتھی دِل کی گرہ ـــــ اور اُلجھی سُلجھانے سے

برق گرتی رہی نشیمن پر
گلستاں پھر بھی گلستاں ہی رہے

جنوں وہ کیا ہے جو غارت گرِ خرد نہ ہُوا
خودی کی حد سے نہ گزرے تو بیخودی کیا ہے

ادیب یا شاعر اپنے ماضی کی وابستگیوں سے اپنے آپ کو الگ نہیں کرسکتا۔ اس کی زندگی کے خواب، اس کی شکستیں، اس کی محبت کا غم اور اس کے ارادوں کی ضو اس کے فن میں گھُل مل کر اسے دل کشی اور سُندرتا عطا کرتی ہے۔

ساحر اس لحاظ سے بے حد کامیاب فن کار ہیں۔ میں نے ساحر کو مشاعروں میں بھی پڑھتے سُنا ہے اور محسوس کیا ہے کہ وہ ترنم میں نہ پڑھتے ہوئے بھی جادو گری کی پوری کیفیت اور شدت سُننے والوں تک پہنچا دیتے ہیں:

کہیں تم کو اپنی نظر لگ نہ جائے
جمال اپنا دیکھو ہماری نظر سے

اُن کو رُخصت ہوئے زمانہ ہُوا
اب گھٹا کس لیے برستی ہے

غیر کے حق میں خوب پھلتی ہے
ہم سے ملنے کی تم دُعا نہ کرو

ساحر کے پاس ایک درد مند دل ہے اور اس کے لہجہ میں ایک طرح کی گھلاوٹ اور شگفتگی ہے۔ اس کی باغ و بہار طبیعت ساحر کے دوستوں کو بہت عزیز ہے لیکن میں نے جب بھی اس کے قہقہے سُنے ہیں مجھے محسوس ہوا کہ اس میں ایک پُکار ہے، ایک سوز ہے، ایک جلن ہے اور یہ جلن اور درد مندی اس کے ماحول اور اس کی زندگی اور اس کے ماضی کی دین ہے۔ میری نظر میں دوسروں کے دُکھ درد کو سمجھنا ایک اچھے فن کار کی پہچان ہے۔ ساحر کے اشعار میں یہی کیفیت بھرپور

نظر آتی ہے:

میکدے میں بھی آ کبھی واعظ!
ایک دُنیا یہاں بھی بستی ہے

ایک سے ایک بڑھ کے دیوانہ
دل کی محفل عجیب محفل ہے

دل نہیں مانتا مگر پھر بھی
تجھ پہ ہم اعتبار کرتے ہیں

آج کے دَور میں جب ہم سب کے سامنے بیسیوں نازک مسئلے سینہ تانے کھڑے ہیں، فن اور ادب کی نازک روایات کو سنبھالے رکھنا بے حد کٹھن ہے۔ آج کا ادیب اور شاعر بڑی مشکلوں سے گزر رہا ہے۔ اسے زندگی کو ایک دم سے بدل ڈالنے کی چاہ ہے۔ اقتصادی اور سماجی قدروں کو از سرِ نو تعمیر کرنے کا ارادہ ہے اور جب وہ اپنی پوری قوتیں لے کر میدان میں آتا ہے تو محسوس کرتا ہے کہ اس کے خوابوں کی تکمیل کے لیے ماحول سازگار نہیں، وہ کڑھتا ہے اور جی مسوس کر رہ جاتا ہے۔ ساحرؔ کو میں ایسا ہی فن کار مانتا ہوں جو اپنے فن کے خوبصورت چراغ جلا کر ہمیں اُن راہوں پر لے جاتا ہے، جن پر کبھی میرؔ، غالبؔ، اقبالؔ اور حالیؔ، ٹیگور اور پریم چند چلے تھے۔

ساحرؔ ہوشیارپوری کو میں اس لیے ایک اچھا فن کار سمجھتا ہوں کہ وہ اپنے اشعار کی ضیاؤں سے نئی صبح کی تشکیل کر رہا ہے۔

(اگست ۱۹۷۰ء)

مہاجر
مظہر امام

یہ بات اگست ۸۴ء کی ہے۔

یونی سیف UNICEF نے محکمۂ تعلیم کشمیر اور کشمیر یونی ورسٹی سے مل کر سری نگر میں ایک ورکشاپ کا اہتمام کیا تھا۔ مجھے اس ورکشاپ میں بطور ریسورس پرسن RESOURCE PERSON مدعو کیا گیا تھا۔ ہمارے ٹھہرنے کا انتظام یونی ورسٹی گیسٹ ہاؤس میں تھا۔ میں شام کو پہنچا تھا اور بارش کی وجہ سے کافی سردی ہو گئی تھی۔ گیسٹ ہاؤس کے چاروں طرف چناروں کے بڑے بڑے درخت پھیلے ہوئے تھے اور ایک دل کش ملگجا ماحول پیدا ہو گیا تھا جب تک میں اپنے آپ کو سیٹل ڈاؤن کرتا سورج ڈوب گیا تھا اور رات ہو گئی تھی۔ ابھی تک میرے علاوہ ورکشاپ میں شریک ہونے والا کوئی شخص نہیں آیا تھا۔ ورکشاپ کا افتتاح اگلی صبح یونی ورسٹی آڈیٹوریم میں، وزیر تعلیم کرنے والے تھے۔ چوں کہ ورکشاپ میں شریک ہونے والے اکثر لوگ کشمیر سے ہی تعلق رکھتے تھے، اس لیے انھیں اگلی صبح ہی آنا تھا۔ کملا رانا جو یونی سیف UNICEF کی نمائندگی کر رہی تھیں اور جنھوں نے مجھے اس ورکشاپ سے وابستہ کیا تھا، سری نگر پہنچ تو گئی تھیں لیکن نیڈوز ہوٹل میں ٹھہری تھیں اس لیے ان سے بھی ملاقات اگلے روز ہی ہونا تھی۔

میں جب ڈائننگ ہال سے کھانا کھا کر اپنے کمرے میں لوٹا تو خیال آیا کہ مظہر امام کو ٹیلی فون کروں لیکن نزدیک کوئی ٹیلی فون نہیں تھا اس لیے مظہر امام کو ٹیلی فون نہ کر سکا۔

اگلے روز ورکشاپ کے افتتاح کے بعد خالص کشمیری چائے پیتے ہوئے یونیورسٹی کے کچھ دوستوں سے ملاقات ہوئی تو کھلے نیلے آسمان کے نیچے، کھلے سرسبز لان میں کھڑے میں نے پہلی بار اپنی حسین وادی کی فضاؤں میں ایک لمبی سانس لے کر کہا۔

"میں پھر تیری شفیق باہنوں میں لوٹ آیا ہوں۔"

"کس کی باہنوں میں لوٹ آئے ہیں؟" ڈاکٹر زمان آزردہ نے اپنی کالی سیاہ تراشیدہ داڑھی میں ڈھکے مسکراتے ہوئے پوچھا۔

"تمھاری باہنوں میں نہیں؟"

"تو کس کی باہنوں میں؟

"اپنے ماضی کی باہنوں میں، اپنی حسین وادی کی باہنوں میں۔"

زمان بہت زور سے ہنسا۔ وہ میرے افسانوں کا مداح بھی ہے اور میرا دوست بھی۔

جبھی کملا رانا بیگم خورشید بخشی کو لے کر آئیں۔

"یہ ہیں ذاکر صاحب۔"

میں نے بیگم خورشید بخشی کو آداب کیا تو وہ بولیں۔"میں آپ کی کہانیاں پڑھ چکی ہوں بخشی صاحب بھی آپ کا ذکر کیا کرتے تھے۔" ان کی مراد اپنے مرحوم خاوند بخشی غلام محمد سے تھی۔

"مجھے ان کے ساتھ کام کرنے کا موقع ملا ہے۔ میرے دل میں ان کے لیے بڑی عزت ہے۔"

"تو آپ کے ایڈمائرر ADMIRER یہاں بھی موجود ہیں؟" کملا رانا نے مسکرا کر کہا۔

"میری خوش قسمتی ہے۔"

"بیگم صاحبہ یہ جہاں بھی جائیں، ان کے ایڈمائرر انھیں گھیرے رہتے ہیں۔ کوئی جگہ ہے جہاں آپ کے دوست نہیں ہیں؟" وہ بولیں۔

"ایک ہے۔"

"بتایئے۔"

"جہنم۔"

"وہاں تو آپ کو دوستوں کی پوری بھیڑ ملے گی۔" کملا رانا زور سے ہنسیں اور ان کی ہنسی میں بیگم خورشید کی ہنسی اور میری ہنسی بھی شامل ہو گئی۔

اور اس طرح دھیرے دھیرے ورکشاپ کی بعد کی بھیڑ چھٹنے لگی۔ وائس چانسلر، رجسٹرار اور یونی ورسٹی کے کچھ دوسرے لوگوں سے ہاتھ ملا کر میں گیسٹ ہاؤس میں واپس آگیا۔

ورکشاپ کا پہلا سیشن دوپہر کے کھانے کے بعد تھا۔

یہ پہلا سیشن شروع ہوا تو میرے سری نگر پہنچنے کی خبر پھیل چکی تھی۔ میں ورکشاپ کے موضوع پر تقریر کر کے اپنی کرسی پر آکر بیٹھا ہی تھا کہ تانترے نے ایک چِٹ میرے ہاتھ میں تھمائی۔ تانترے اس ورکشاپ کا ڈائرکٹر تھا۔

چِٹ مظہر امام نے ٹیلی ویژن سینٹر کے ایک پروڈیوسر کے ہاتھ بھیجی تھی اور مجھے ٹیلی ویژن سینٹر پر بلایا تھا۔

میں ہال سے باہر آیا تو کار کا دروازہ کھول کر پروڈیوسر گلریز قریشی باہر نکلا:

"آداب عرض۔"

"فرمائیے۔ کیسے آئے؟"

"ڈائرکٹر صاحب نے بھیجا ہے۔"

"مظہر امام صاحب نے؟"

"جی ہاں۔"

"کیا حکم ہے؟"

"آپ کا انٹرویو لینا ہے۔"

"یار یہ لوگ مجھے صبح یہاں لائے ہیں اگر ان کا کام نہیں ہوا تو مار ڈالیں گے۔ ابھی تو پہلا سیشن شروع ہوا ہے۔"

"تو کیا کہوں ڈائرکٹر صاحب سے؟"

"ان سے کہیے شام کو اِدھر ہی آجائیں۔ آپ بھی آجائیے۔"

"آج کا نہیں تو کل کا وقت دیجیے ہمیں۔"

"شام کو مظہر صاحب سے بات کرلوں گا۔"
شام کو مظہر امام آگیا۔
مَیں نے کرسیاں چناروں کے نیچے لگوادیں۔ وہی پہلی شام والا ملگجا اُجالا تھا۔ چناروں کے گھنے گھنے پتّوں سے کہیں کہیں سورج کی آخری کرنیں چھن کر آرہی تھیں۔
"ہم لوگ تو کل سے تمھارا انتظار کر رہے ہیں"۔ مظہر امام بولا۔
"کل دیر سے پہنچا۔ ٹیلی فون قریب نہیں تھا۔ تھیں پہنچنے کی اطلاع مَیں نہیں دے سکا۔"
"دوپہر کو اپنا ایک پروڈیوسر بھیجا تھا کہ تم آجاؤ۔"
"آج آنا مشکل تھا۔ یہاں بھی بہت کام ہے۔"
"اب کیا پروگرام ہے۔"
"بس چائے پئیں گے اور ان چناروں کے نیچے بیٹھ کر باتیں کریں گے، جنھیں جہانگیر نے ہزاروں کی تعداد میں لگوایا تھا۔ اس کا نام بھی نسیم باغ رکھا تھا کہ نور جہاں کو یہ جگہ بہت پسند تھی۔" مَیں نے کہا۔
"تو تمھیں نسیم باغ کا تاریخی پس منظر بھی معلوم ہے۔"
"بھئی، یہ وادی میرا وطن ہے اور چناروں کے سایوں میں تو میرا بچپن اور جوانی گزری ہے۔"
"یہ مجھے معلوم نہیں تھا۔"
"جتنے چنار نسیم باغ میں لگائے گئے تھے، کشمیر میں کسی بھی جگہ اتنے چنار نہیں تھے۔ اب تو خیر یہاں بھی سو دو سو چناروں سے زیادہ نہیں رہے۔ صبحِ نسیم اور شامِ نشاط تو بہت مشہور کہاوت ہے۔"
گیسٹ ہاؤس کا بیرا چائے لے آیا تھا۔ ہم چائے بھی پیتے رہے اور باتیں بھی کرتے رہے۔ میرا ناول "سمندر، صلیب اور وہ" چھپے کچھ ہی روز ہوئے تھے۔ دو تین کاپیاں ساتھ لایا تھا۔ ناول کی ایک جلد مَیں نے مظہر امام کو پیش کی تو وہ ایک دم کھِل اٹھا۔

"تمھارے جانے سے پہلے اسے پڑھ ڈالوں گا۔"

"مجھے اپنی بے لوک رائے بھی دینا۔"

"ضرور دوں گا اپنی رائے۔"

"ویسے مجھے نقادوں پر کوئی بھروسہ نہیں۔ میں انھیں تخلیقی پروسیس میں ایک دم غیر ضروری عنصر سمجھتا ہوں۔ خاص طور سے وہ لوگ جو تعلیمی اداروں اور یونی ورسٹیوں سے جُڑے ہوئے ہیں۔ وہ تو درسی اور نصابی باتیں کرتے ہیں جن کا تخلیق سے کوئی تعلق نہیں ہوتا۔ کتنے لوگ ایسے ہیں جو فری لانسر قسم کے نقاد ہوں۔"

"بہت ہی تھوڑے۔"

"کچھ نام تو گنواؤ۔ ادیب اور شاعر تو بہت فری لانسر ہیں لیکن آزاد تنقید نگار ہیں کہاں؟ وہ تو جکڑے ہوئے ہیں اداروں سے اور نظریوں سے۔ اس لیے مجھے ان پر بھروسا نہیں۔"

"میری بھی ایک تنقیدی مضامین کی کتاب ہے۔"

"آتی جاتی لہریں!"

"پڑھی ہے تم نے؟"

"کچھ مضامین پڑھے ہیں۔ یہ درسی اور نصابی تنقید نہیں ہے اس لیے اچھی ہے۔ بہرحال تم شاعر بہت اچھے ہو۔ تنقید نگاری کے جھگڑے میں مت پڑو۔"

مظہر امام مسکرا دیا۔ اس کے متعلق میرا اندازہ یہ ہے کہ وہ بڑی فراخ دلی سے نہیں ہنستا۔ بس صرف مسکراتا ہے۔ ضرورت سے زیادہ ڈسپلن ہے اس میں جو شاعروں میں کم ہی نظر آتا ہے۔ میرے خیال سے وہ لوگ جو ایڈمنسٹریشن سے جُڑے ہوئے ہیں زیادہ فراخ دلی سے نہیں ہنستے۔ میں چونکہ خود ایڈمنسٹریشن کا آدمی ہوں اس لیے اپنے تجربے کی بنا پر بھی یہ بات کہہ سکتا ہوں۔ جو بات وہ کھُل کر اپنے محبوب سے بھی نہیں کہہ سکتے اپنی غزلوں اور نظموں میں کہتے ہیں اور اس طرح ان کا کتھارسس ہو جاتا ہے۔ ایڈمنسٹریشن کے لوگوں کی بیویاں بھی ان سے زیادہ خوش نہیں رہتیں کہ وہ دفتر اور گھر دونوں جگہ سلو سائیکلنگ ریس کرتے ہیں۔

اور کم فاصلے پر پکی لکیروں کے درمیان ہی سائیکل چلاتے ہیں۔ اس لیے تفریح کے لمحوں میں بھی اپنے آپ کو قاعدے قانون کی لکیروں میں جکڑے رکھتے ہیں۔

"کتنے روز قیام رہے گا تمھارا؟" مظہر امام نے پوچھا۔

"چار روز۔"

"اس کے بعد؟"

"اس کے بعد واپس چنڈی گڈھ جاؤں گا۔"

"تو میرے ساتھ ایک دن بھی نہیں گزارو گے؟"

"یونی ورسٹی سے چھٹی پاتے ہی اپنا بوریا بستر سنبھال کر تمھارے گھر آجاؤں گا اور دو دن تمھیں بور کروں گا۔"

مظہر امام میرے اس جواب پر اتنا خوش ہوا کہ میری روح مسرور ہوگئی۔

اگلے دن دوپہر کے بعد میں ٹیلی ویژن سینٹر گیا۔ جہاں ایک پروڈیوسر نے میرا انٹرویو لیا اور میری کچھ غزلیں بھی ریکارڈ کیں۔ شام کو مظہر امام اور میں بلورڈ روڈ پر ڈل کے کنارے گھومتے رہے اور پھر سکون سے ایک جگہ بیٹھ کر میں اس سے اس کی نظمیں سنتا رہا۔ مجھے لگا کہ اس کی نظموں میں ان تمام لمحات کی پرچھائیاں تھیں جن میں سے اسے گزرنا پڑا تھا۔ اس کی زندگی کشمکش کی زندگی تھی اور اس کے اردگرد قدامت پسندی اور توہم پرستی کا ماحول تھا جو اس کے مزاج کے موافق نہیں تھا اس لیے اس میں پروٹیسٹ کا ایلی منٹ (ELEMENT) ابھر آیا تھا۔ چوں کہ مروجہ قدروں سے کھلے طور پر پروٹیسٹ کرنا ممکن نہیں اس لیے مظہر امام کے ذہن پر شکستہ دلی اور قنوطیت کا جذبہ حاوی ہونے لگا تھا۔ وہ اپنے وطن دربھنگا (بہار) میں ترقی پسند ادبی تحریک سے وابستہ ہوا تھا مجھے یاد ہے اس نے ۵۰ ـ ۱۹۴۹ء میں وہیں سے ایک عمدہ ادبی رسالہ "نئی کرن" کا اجرا کیا تھا۔ جس کے سرنامے پر "ترقی پسند ادب کا ترجمان" لکھا ہوا تھا۔ گریجویشن کے بعد وہ کلکتہ چلا گیا۔ وہاں اس نے صحافت سے لے کر اسکول میں پڑھانے تک کا کام کیا۔ شروع میں اس نے افسانے بھی لکھے۔ کلکتہ میں اخباروں اور رسالوں کے لیے اداریے بھی تحریر کیے۔ وہاں وہ چھ سال تک اردو اور ہندی کی مشترکہ

انجمن ترقی پسند مصنفین کا سکریٹری بھی رہا تھا۔ ناموافق اور ناساز گار حالات اور ماحول نے اس کے شعور میں تیکھا پن ابھارا۔ لیکن طوفان کو جب سب کچھ بہالے جانے کا موقع نہ ملا تو وہ کناروں سے سر ٹکرانے لگا۔ مظہر امام کی اس زمانے کی نظموں میں جو ایک شکستگی مراجعت اور مایوسی کا احساس پھیلا ہوا نظر آتا ہے وہ شاید اس وجہ سے ہے۔

اپنے عنفوانِ شباب میں مظہر امام نے آزاد غزل کے بارے میں سوچنا شروع کیا تھا بقول اس کے اس نے آزاد غزل کا تجربہ ۱۹۴۵ء میں کیا تھا۔ ۱۷ سال کی عمر میں یہ پہلی آزاد غزل ۱۹۶۲ء میں چھپی تھی اور اسی سال اس کا پہلا مجموعۂ کلام "زخمِ تمنا" کے عنوان سے شائع ہوا تھا۔ میرا خیال ہے اس نے آزاد غزلیں بھی بہت زیادہ نہیں کہی ہیں لیکن اس نے کئی دوسرے شاعروں کو ادب کی اس صنف کی طرف ضرور مائل کیا ہے۔ اس کی ایک آزاد غزل کے کچھ اشعار:

تو جو مائل بہ کرم تھا تو زمانے کا مجھے ہوش نہیں رہتا تھا۔

مَیں کہ خودسر تھا، ترے زیرِ نگیں رہتا تھا
شاخ در شاخ گلابوں کی دھنک پھوٹی ہے۔

اک پرندہ تھا، یہیں رہتا تھا
خاک اُڑتی ہوئی دیکھی تو دِلوں کی یاد آئی۔

کیا یہاں کوئی حسیں رہتا تھا!

اور اس کی پہلی آزاد غزل کے یہ چند شعر:

ڈوبنے والے کو تنکے کا سہارا آپ ہیں۔

عشق طوفاں ہے، سفینہ آپ ہیں۔

آرزوؤں کی اندھیری رات میں
میرے خوابوں کے اُفق پر جگمگایا جو ستارا، آپ ہیں

ہائے وہ ایفائے وعدہ کی تحیّر خیزیاں
ان کی آہٹ پر ہی گھر کا کونہ کونہ چیخ اٹھا تھا کہ "اچھا آپ ہیں!"

مظہر امام کے بقول، ۵۶-۱۹۵۵ء سے ہی ترقی پسندوں کے غیر ادبی رویّے کے کر ترین

اور اذعائیت کی وجہ سے وہ ترقی پسند ادبی تحریک سے کٹتا گیا اور شاعری کے جدید رجحانات سے جڑتا گیا۔

اس شام کچھ نظمیں جو میں نے مظہر امام سے سُنیں، ان کے کچھ انتخابات پیش کر رہا ہوں:

کہیں بھی جائے اماں نہیں ہے
نہ روشنی میں، نہ تیرگی میں
نہ زندگی میں، نہ خودکشی میں
عقیدے نیزوں کے زخم کھا کر سسک رہے ہیں
یقین کی سانس اُکھڑ چلی ہے
پتنگ کی طرح کٹ چکے ہیں تمام رشتے
جو آدمی کو قریب کرتے تھے آدمی سے

(اکھڑتے خیموں کا درد)

اور میں
وقت کی رہ گزر کا وہ تنہا مسافر
جو ہر قافلے سے الگ
رہروؤں سے الگ
اجنبی سمت
یوں چل رہا ہے
کہ اس کے سوا کوئی صورت نہیں ہے

(رشتہ گونگے سفر کا)

کئی مہینے ہوئے
ایک ماہنامے میں
تمھارے بچوں کی تصویر میں نے دیکھی تھی
بہت ہی بھولے۔ بہت ہی حسین بچے ہیں

بس ایک لمحہ کو
ایسا خیال آیا تھا
یہ بچے
کاش
مجھے
" ماں"
پکارتے ہوتے

(پوسٹ نہ ہونے والا ایک خط)

اپنے سوکھے ہوئے بالوں کی لٹیں بکھرائے
کون یہ گود میں بچے کو لیے بیٹھی ہے ؟
اپنے گھر بار درو بام سے اکتائی ہوئی
"کس لیے آئے ہیں ؟ کیوں گھر میں گھسے آتے ہیں ؟
جائیے جائیے، آفس سے وہ آتے ہوں گے
اجنبی شخص کو دیکھیں گے تو گھبرائیں گے
جانے کیا سوچیں گے ۔ کچھ سوچ کے جھنجلائیں گے۔"

(کھویا ہوا چہرہ)

یونی سیف (UNICEF) کی ورک شاپ سے فارغ ہوا تو مظہر امام مجھے اپنے گھر لے آیا۔ پرتاپ پارک کے سامنے والے سرکاری فلیٹس کے ایک، دوسری منزل پر بنے، فلیٹ کے باہر مظہر امام کے نام کی تختی لگی تھی۔ میں نے گھنٹی بجائی تو اس کی بیوی مبینہ امام نے دروازہ کھولا اور ایک بہت ہی خلوص بھری مسکراہٹ سے میرا استقبال کیا۔

وہ دو دن جو میں نے مظہر امام کے گھر میں گزارے ان کی اہمیت کے دو کارن ہیں۔ ایک کارن تو یہ ہے کہ اس کے گھر کے عین سامنے پرتاپ پارک تھا جو اب سمٹتے سمٹتے اور کٹتے کٹتے ایک چھوٹا سا باغیچہ رہ گیا ہے۔ اب اس باغ کا تصور بھی نہیں کیا جا سکتا جس کی تمام

دل کشی، خوب صورتی، وسعت اور رعنائی ہم سب کو ان دنوں میسر تھی جب میں پرتاپ ہائی اسکول میں پڑھتا تھا۔ میرے ناول "سمندر، صلیب اور وہ" کے ابتدائی صفحات کی لوکیل (LOCALE) میں تو یہی پارک ہے جہاں جاوید اور محمود اسکول کے بعد آکر بیٹھتے تھے۔ اور جہاں چناروں کی چھاؤں میں بیٹھ کر جاوید اپنے اسکول کا ہوم ورک کیا کرتا تھا۔ کیوں کہ اسے گھر سے وحشت تھی کہ اس کا سخت گیر باپ اسے بات بات پر ڈانٹتا تھا۔ مظہر امام کے فلیٹ کی اہمیت کا دوسرا کارن یہ تھا کہ پرتاپ اسکول اور پرتاپ کالج وہاں سے بہت قریب تھے اور مجھے وہاں اکیلے جانے میں کوئی دقت نہیں تھی۔ ایک شام میں نے اپنے اسکول میں ہی تو گزاری تھی اور وہ کمرے اور ان میں پڑی بینچیں دیکھی تھیں جہاں میں بیٹھا کرتا تھا۔ چنار کے بڑے بڑے درخت پرانی تاریخ کی چوکیداری کرنے کو اب بھی موجود تھے۔ لگتا تھا اب وہ بوڑھے ہو چکے تھے لیکن اپنے بڑھاپے میں بھی وہ بے حد گریس فل لگ رہے تھے۔ انسان بھی اپنی بڑھتی ہوئی عمر میں یہ حسن تہذیب پیدا کر سکیں

رات مظہر امام اور میں دیر تک جاگتے رہے۔ میں وادی سے اپنی گہری وابستگیوں کا ذکر کرتا اور وہ مجھے اپنی تازہ غزلوں کے شعر سناتا۔ جن غزلوں کو وہ "کشمیر کی غزلیں" کہہ کر سناتا تھا۔ ان غزلوں کے اشعار سن کر مجھے محسوس ہوا کہ بہار کے قحط زدہ اور روکھے ماحول سے نکل کر کشمیر کی حسین وادی میں مظہر امام کو بے حد سکون، تازگی و شگفتگی اور راحت ملی ہے۔ جو چاندنی سے دُھلے چہرے اُسے اس حسین وادی میں ملے تھے ان کا وہ تصور بھی نہیں کر سکتا تھا۔ ان چہروں کی قربت اور وادی کی حسین فضاؤں اور خنک ہواؤں نے مظہر امام کے ذہن اور دل کو دھو دیا تھا اور جیسے وہ نئے سرے سے اپنی زندگی کا آغاز کر رہا تھا۔ تخلیقی زندگی کا بھی اور سماجی زندگی کا بھی۔ مجھے لگا کہ "کشمیر کی غزلیں" صرف کشمیر ہی میں لکھی جا سکتی تھیں، کلکتہ، بمبئی، مدراس یا کسی دوسری جگہ رہ کر نہیں۔ بہر حال کچھ شعر تو واقعی بہت خوبصورت تھے کچھ یاد رہ گئے کچھ بھول گیا ہوں:

اس نے اس طرح اُتاری مرے غم کی تصویر   رنگ محفوظ تو رہ جائیں پہ منظر نہ رہے

اس نے کس ناز سے بخشی ہے مجھے جائے پناہ — یوں کہ دیوار سلامت ہو مگر گھر نہ رہے
اب یہ سازش ہے کہ لکھے نہ کوئی قصۂ دل — لفظ رہ جائیں، مگر کوئی سخن ور نہ رہے
اب کے آندھی بھی چلی جب تو سلیقے سے چلی — یوں کہ رہ جائے شجر، شاخِ ثمرور نہ رہے

روندی ہوئی زمیں تھی، نئے رہ گزر بھی تھے — وہ تھے تو اپنے ساتھ نقوشِ سفر بھی تھے
ہم کو ملا تو سایۂ ابرِ سیہ ملا — ورنہ اس آسمان پہ شمس و قمر بھی تھے

میں جانتا ہوں وہ نزدیک و دور میرا تھا — بچھڑ گیا جو میں اس سے، قصور میرا تھا
جو پاؤں آئے تھے گھر تک مرے، وہ اس کے تھے — وہ دل بڑھا تھا جو اس کے حضور، میرا تھا
بڑا غرور تھا دونوں کو اس رفاقت پر — نگاہ اس کی تھی، لیکن سرور میرا تھا
کہا یہ سب نے کہ جو وار تھے، اُسی پر تھے — مگر یہ کیا کہ بدن چُور چُور میرا تھا

تجھے بھی جانچتے، اپنا بھی امتحاں کرتے — کہیں چراغ جلاتے، کہیں دھواں کرتے
وہ بھی جہت کا سفر تھا، سوادِ شام نہ صبح — کہاں پہ رُکتے کہاں یادِ رفتگاں کرتے

یہ کھیل بھول بھلیاں میں ہم نے کھیلا بھی — تری تلاش بھی کی اور خود کو ڈھونڈا بھی
یہ آرزو تھی کہ یک رنگ ہو کے جی لیتا — مگر وہ آنکھ جو شیطاں بھی ہے فرشتہ بھی!
سمندروں سے گہر کب کے ہو گئے ناپید — تمھارے ساتھ میں گہرائیوں میں اُترا بھی!
برہنگی پہ بھی گزرا قبائے زر کا گماں — لباس پر ہوا جزوِ بدن کا دھوکا بھی
گرجنے والے برستے نہیں، یہ سنتے تھے — گذشتہ رات وہ گرجا بھی اور برسا بھی

وہی دشتِ بلا ہے اور میں ہوں — زمانے کی ہوا ہے اور میں ہوں
مگر شاخوں سے پتے گر رہے ہیں — وہی آب و ہوا ہے اور میں ہوں

پہاڑوں پر کہیں بارش ہوئی ہے — زمیں محوِ دُعا ہے اور مَیں ہوں
مجھے بھی کچھ نہ کچھ کرنا پڑے گا — زمانہ سر پھرا ہے اور مَیں ہوں

نہ جانے موسمِ تلوار کس طرح گزرا — مرے لہُو کا شجر تو جھکا جھکا سا تھا
وہ نام جس کے لیے زندگی گنوائی گئی — نہ جانے کیا تھا مگر کچھ بھلا بھلا سا تھا

پھر میرے اصرار پر وہ دوسرے دن میرے ساتھ مارتنڈ کے مندر دیکھنے چلا آیا۔ اس سے پہلے وہ اِدھر نہیں آیا تھا۔ مارتنڈ کے ٹوٹے ہوئے کھنڈروں میں گھوم کر اس نے میری اس بات کی تصدیق کی کہ مارتنڈ کا دور کشمیر کا ایک حسین دَور تھا میں تو اس لیے بھی یہاں آیا تھا کہ میرے نئے ناول کا اس جگہ سے بھی تعلق ہے اور مظہرامام، مبینہ بھابی اور ان کا بیٹا شہیرامام تو صرف میری وجہ سے اِدھر آئے تھے اور یہاں آکر انھوں نے محسوس کیا تھا کہ اگر وہ یہاں نہ آتے تو ایک بہت ہی اچھے موقع سے محروم رہ جاتے۔

مارتنڈ سے ہم سیدھے پہلگام گئے۔ بہت دنوں کے بعد عیش مقام سے گزر کر پہلگام آیا تھا میں کتنا بدل گیا تھا پہلگام اب۔ لدرنالہ جتنا خوبصورت پہلے تھا اب اتنا خوبصورت نہیں رہا تھا۔ پہلگام اب ایک کمرشیل جگہ بن گئی تھی جہاں ٹورسٹ آتے تھے اور جاتے وقت اپنی تمام محرومیاں اور بیماریاں اور فرسٹریشنز یہاں چھوڑ جاتے تھے جو جانے کب تک ہوٹلوں کے کمروں اور ٹورسٹ ہٹوں میں سڑتی رہتی تھیں اور پھر انھیں لدرنالے کے پانی میں بہا دیا جاتا تھا۔ یہ کہتے ہیں ناکہ ..... بہتا ہوا پانی کبھی گندہ نہیں ہوتا۔ اس لیے گنگا جل کبھی گندہ نہیں ہوتا اور شاید اس لیے لدرنالے کا پانی تب تک صاف نرمل اور پوتر رہے گا جب تک کہ اس کا منبع نہیں سوکھ جاتا۔ پہاڑوں کے نالے کبھی نہیں سوکھتے کہ انھیں ہمالیہ پر جمی برف زندگی دیتی ہے اور جس کی محافظ اور پاسبان ہمالہ کی برف آلود چوٹیاں ہوں وہ ہمارا کیا کر سکتا ہے۔

امرناتھ کی یاترا پر گئے ہوئے لوگ واپس آ رہے تھے۔ کچھ دیر لدرنالے کے کنارے

سستانے اور تازہ دم ہونے کے بعد ہم چندن واڑی گئے۔ یہی پہلا بڑا پڑاؤ ہے امرناتھ جانے والے یاتریوں کا۔ سفر سے تھکے ہارے یاتری پیدل اور گھوڑوں پر واپس آرہے تھے اور کچے رستوں کی دھول اُڑا رہے تھے۔ کار ایک جگہ روک کر ہم اس موڑ پر پہنچ کر کھڑے ہو گئے جہاں سے شیش ناگ جانے کا راستہ شروع ہوتا ہے اور جہاں ایک بہت بڑے بورڈ پر یاترا کے اگلے پڑاؤوں کے بارے میں یاتریوں کے لیے انفارمیشن دی گئی ہیں۔

وہیں کھڑے کھڑے شہیر نے کہا۔

"انکل ایک کہانی لکھ ڈالیے۔"

"بھئی میں تو ایک ناول کے چکر میں ہوں۔ بہت دنوں سے ایک تھیم اٹک رہا ہے ذہن میں۔"

"ناول بعد میں لکھیے۔ پہلے ایک کہانی لکھ ڈالیے۔"

"سوچتے ہیں۔"

"عنوان میں بتاؤں۔"

"بتاؤ۔"

"یاترا سے لَوٹی پُوتر لڑکی۔" شہیر نے بتایا۔

مَیں عنوان سُن کر اُچھل پڑا۔

"سمجھو لکھی گئی کہانی۔" مَیں نے شہیر سے کہا۔

سری نگر سے چنڈی گڑھ واپس آنے پر مَیں نے جو پہلی کہانی لکھی اس کا عنوان "یاترا سے لَوٹی پُوتر لڑکی" ہی تھا جو آل انڈیا ریڈیو سے بھی براڈ کاسٹ ہوئی اور بعد میں کئی جگہ چھپی۔

منظر امام اور مَیں اس رات بہت خوش تھے۔

ہم شاید رات دو بجے تک جاگتے رہے اور ایک دوسرے کو اپنے شعر سُناتے رہے۔ اور اپنے تخلیقی کام کا بلیو پرنٹ (BLUE PRINT) بناتے رہے تھے۔

مَیں جب سری نگر سے لَوٹا تو منظر امام مجھے ایئر پورٹ پر تو چھوڑنے نہیں آیا لیکن

مجھے معلوم ہے کہ دوپہر کے بعد اور شام کو اور اُس شام کی رات کو مظہر امام بڑا بے چین رہا ہوگا کیونکہ مَیں نے اپنے مختصر سے قیام کے دوران اس کے ذہن کو خاصا جھنجھوڑ دیا تھا۔

مظہر امام سے میری دوستی اس لیے بھی ہے کہ ہم دونوں مہاجر ہیں۔ دو اجڑے ہوئے آدمی آپس میں بہت گہری دوستی نبھا سکتے ہیں۔ دراصل دونوں تقسیم وطن سے پہلے ہی اپنے اپنے وطن سے ہجرت کر چکے تھے۔

میرا اصلی وطن شاعری ہے جسے مَیں نے ۱۹۲۲ء میں چھوڑ دیا تھا اور ایک دوسرا وطن اختیار کر لیا جسے "افسانہ" کہتے ہیں۔ مظہر امام کا اصلی وطن "افسانہ" تھا۔ اس نے بھی لگ بھگ انھیں دنوں، شاید دو تین سال بعد اپنے وطن سے ہجرت کر لی تھی اور ایک مہاجر کی طرح "شاعری" کی بستی میں وارد ہو گیا تھا لیکن ہم دونوں مہاجروں نے بہت دیر اجنبی وطنوں میں بھٹکنے کے بعد اپنی اپنی انفرادی پہچان بنالی ہے۔ فرق صرف اتنا ہے کہ میں نے دوبارہ اپنے پہلے وطن میں آنا جانا شروع کر دیا ہے یعنی شاعری کرنے لگا ہوں لیکن مظہر امام ابھی تک سرحد کے اس پار کھڑا ہے، وہ دیکھ تو رہا ہے، حدوں کی اس طرف بھی لیکن ابھی تذبذب میں ہے، وہ جس دن میری حدوں میں داخل ہو گیا میں اسے گلے سے لگاؤں گا اور کہوں گا:

مل رہے ہیں سینہ چاکانِ چمن سے سینہ چاک

ایک مہاجر کو دوسرے مہاجر کا انتظار ہے!

آدھی رات کا ہیرو
جگجیت سنگھ

میری پیدائش کی تاریخ سات ہے۔
شاید اسی لیے میری زندگی میں سات کے ہندسے کی بڑی اہمیت ہے۔ میری کامیابی میں سات کے ہندسے کا بڑا دخل ہے۔ بہت عرصے بعد مجھے معلوم ہوا کہ میرے علاوہ ایک اور شخص بھی ہے جو سات کے ہندسے کی اہمیت کا قائل ہے اور وہ شخص ہے جگجیت سنگھ، غزل کی دنیا کا بادشاہ۔ میں بادشاہوں سے ہمیشہ دُور رہا کہ انھیں عوام سے قربت نہیں ہوتی۔ لیکن جگجیت سنگھ ایک ایسا بادشاہ ہے جس کی دوستی عوام سے ہے۔ اس لیے وہ میرا دوست ہے۔
شاید یہ سات کا ہندسہ ہی ہے جس کی وجہ سے میری اور جگجیت سنگھ کی پہلی ملاقات ہوئی۔
۱۶ دسمبر، شکر۔ وینس کا دن (وینس میرا بڑا فیورایبل ستارہ ہے) وقت شام کے سات بجے۔ اس شام کے خوبصورت نہ ہونے کا سوال ہی نہیں تھا۔ ہریانہ اُردو اکادمی کے دفتر میں جس کا ایڈریس ۶۱۰ سیکٹر ۱۶ ہے۔ (ایک بار پھر سات کا ہندسہ) مجھے صابرت کا ٹیلی فون آیا۔ اس نے کہا۔
"جگجیت سنگھ اور میں پہنچ گئے ہیں۔"
"کہاں ہیں آپ لوگ؟" میں نے پوچھا۔

"چنڈی مندر کے آرمی گیسٹ ہاؤس میں۔"
"وہاں کیوں رُکے ہو تم لوگ؟"
"یہ تو فنکشن کے آرگنائزر ہی بتا سکتے ہیں۔"
"تم میری طرف کیوں نہیں آجاتے؟"
"اِدھر آنا مشکل ہے۔ کیوں کہ سات بجے جگجیت صاحب کا پروگرام ہے۔"
"مجھے معلوم ہے۔"
"اور اب چھ بجنے والے ہیں۔ جگجیت صاحب کہہ رہے ہیں آپ ہی اِدھر آجائیں۔"

اور میں کوئی پندرہ بیس منٹ میں آرمی گیسٹ ہاؤس میں پہنچ گیا۔ صابردت سے ملنے کے بعد جب میں جگجیت سنگھ صاحب سے ملا تو وہ اس محبت سے بغل گیر ہوئے جیسے ہم ایک دوسرے کے دیرینہ دوست ہوں حالاں کہ یہ ہماری پہلی ملاقات تھی۔ غائبانہ تعارف یقیناً صابردت کی وجہ سے تھا۔ جوان دنوں اکثر جگجیت سنگھ کے ساتھ رہتا تھا کیوں کہ وہ "فن اور شخصیت" کا "جگجیت سنگھ نمبر" نکالنے جا رہا تھا۔

سنگیت سے میری آشنائی بہت پُرانی ہے۔

اس زمانے سے جب مجھے کشمیر کی فضائیں میسر تھیں، پام پور کے زعفران زاروں میں ہم نے کئی موسیقی کی شامیں منعقد کی تھیں۔ کشمیری موسیقی کا جو لطف ان دنوں آیا تھا اس کے بعد ایسا لطف پھر میسر نہیں آیا۔ حبہ خاتون، لوشیوری، پرمانند، مہجور کے کلام کی حلاوتیں ہی دوسری تھیں۔ کشمیر چھوڑنے کے بعد موسیقی کی جن محفلوں میں جانے کے مواقع ملے، وہ سب بند آڈیٹوریموں میں سجی محفلیں تھیں، شروع شروع میں تو ان محفلوں کا ذرا بھی لطف نہ آیا۔ رفتہ رفتہ ان محدود اور دیواروں سے گھرے ہوئے آڈیٹوریموں سے مانوس ہوتا گیا۔ جس میں ریڈیو اور ٹیلی ویژن کی محفلیں بھی شامل تھیں۔ غزل گانے والے نامور لوگ جنھیں بارہا سننے اور قریب سے دیکھنے کا موقع مِلا، اُن میں ملکہ پکھراج، نور جہاں، بیگم اختر، مہدی حسن، غلام علی، فریدہ بیگم، اقبال بانو، مُنی بیگم شامل ہیں۔ ملکہ پُکھراج اور بیگم اختر تو بہت عرصہ تک ذہن پر چھائی رہیں پھر ان میں دوسرے غزل سرا بھی شامل ہوتے گئے۔ سب کا

اپنا اپنا انداز ہے۔ آواز کا جادو سب کے پاس ہے۔ سب کی اپنی اپنی انفرادیت ہے۔ فلمی دنیا کے جن گانے والوں سے آشنائی رہی ان میں محمد رفیع اور لتا منگیشکر کے نام قابلِ ذکر ہیں۔ لیکن جس شخص نے مجھے پچھلے چند برسوں میں بے حد متاثر کیا، وہ جگجیت تھا۔ شروع شروع میں جگجیت اور چترا جی، دونوں کی جوڑی بڑی کامیاب رہی۔ اپنے اکلوتے بیٹے وویک کی اچانک موت کے بعد، چترا جی کو اتنا گہرا صدمہ پہنچا کہ انھوں نے اپنے آپ کو سنگیت کی دنیا سے ایک دم الگ کر لیا۔ گویا جگجیت کا صدمہ دوہرا تھا۔ بیٹے کی موت اور چترا جی کا سنگیت کی دُنیا سے الگ ہو جانا۔ پتھر کا کلیجہ چاہیے ان جانکاہ صدموں کو برداشت کرنے کے لیے۔ اور اب جگجیت کے نغمے کی ہر نے پتھر پر بڑی بھرپور گونج ہے، جو دیر تک سننے والوں کے دل و دماغ پر چھائی رہتی ہے۔

جگجیت تیار ہوتا رہا اور صابر دت اور میں گفتگو میں مصروف رہے۔ تبھی میجر اشوکن آیا۔ اور مجھے دیکھ کر حیران ہوا۔ خوشی اور محبت سے مجھے بغل گیر ہوا اور بولا کہ وہ گیسٹ ہاؤس اسی کے چارج میں تھا۔ میجر اشوکن کچھ سال پہلے کپتان تھا اور گورنر ہریانہ کا اے ڈی سی، تھا اور اسی لیے اس سے اکثر ملاقاتیں رہتی تھیں۔ گیسٹ ہاؤس میں مہمانوں کی دیکھ بھال اسی کے ذمے تھی اور وہ اپنے فرائض بڑی تن دہی اور وقار سے نبھا رہا تھا۔ جب ہم پونے سات کے قریب چنڈی گڑھ کے لیے روانہ ہوئے تو میجر اشوکن اور اس کی نو بیاہتا بیوی بھی ہمارے ساتھ تھی جو ایک جرنلسٹ بھی ہے۔

دُرگا داس فاؤنڈیشن کا ڈائریکٹر خوبصورت نوجوان اُتُل کھنہ اور چنڈی گڑھ انتظامیہ کے صلاح کار ونود دُگل اور انتظامیہ کے دوسرے افسران جگجیت کے استقبال کو موجود تھے، اپنے ہاتھوں میں پھولوں کے گل دستے لیے اور ان کے پیچھے کھڑے تھے جگجیت کے پرانے دوست، جن کے پاس غالباً کامپلی منٹری دعوت نامے نہیں تھے لیکن وہ جگجیت کے پُرانے دوست تھے جو اپنے جذبات کے پھول پیش کرنے کے لیے آئے تھے اُسے۔ اس لیے ان کا وہاں موجود ہونا تو ضروری تھا۔ جگجیت اپنی آرکیسٹرا ٹیم اور صابر دت کے ساتھ پچھلے دروازے سے اسٹیج پر چلا گیا اور میں پی، جی، آئی، کے خوبصورت بھارگو

آڈی ٹوریم میں اپنی سیٹ کی تلاش میں داخل ہو گیا۔ پی۔ جی۔ آئی کا یہ آڈی ٹوریم بڑا خوبصورت ہے اور پی۔ جی۔ آئی کے ڈائرکٹر ڈاکٹر والیا، اس ہال کو کلچرل پروگراموں کے لیے بڑی فراخ دلی سے مہیا کر دیتے ہیں کیوں کہ انھیں شعر و شاعری، سنگیت اور ڈرامے سے بڑی دل چسپی ہے۔ میں نے اپنے تمام انڈو پاک مشاعروں کا انعقاد اسی آڈی ٹوریم میں کیا ہے اور مجھے پی۔ جی۔ آئی کے اسٹاف کا پورا پورا تعاون حاصل رہا ہے۔

آڈی ٹوریم کھچا کھچ بھرا ہوا تھا۔ دیواروں اور کرسیوں کے درمیان جو خالی جگہ تھی وہاں بھی لوگ کھڑے تھے۔ جتنے لوگ آڈی ٹوریم کے اندر تھے۔ ان کی اتنی ہی تعداد باہر تھی۔ لگتا تھا سارا چنڈی گڑھ جگجیت کو سننے کے لیے پی جی آئی میں اُمڈ آیا تھا۔ میں اپنے جاننے والوں سے علیک سلیک کے بعد اپنی سیٹ پر بیٹھ گیا۔

اور پھر اسٹیج پر اناؤنسمنٹ کے بعد جگجیت اپنے کندھوں پر شال ڈالے اسٹیج پر آیا اور تمام آڈی ٹوریم تالیوں سے گونج اٹھا۔ اس کے بعد اس کے آرکیسٹرا کی ٹیم اسٹیج پر آئی جن میں ابھینو اپادھیائے، دیپک پنڈت، اخلاق حسین، ارشد احمد اور ہریش شامل تھے۔ ان سب سے میں آرمی گیسٹ ہاؤس میں مل چکا تھا۔ یہ فلمی قسم کا بھرپور آرکیسٹرا نہیں تھا۔ چار پانچ آدمیوں کی ایک چھوٹی سی ٹیم تھی۔ جگجیت کو اپنے پروگرام کے لیے بس اتنے ہی لوگوں کی ضرورت تھی۔

ایک مختصر سے تعارف اور گل پوشی کی رسم کے بعد جگجیت اپنی جگہ پر جم گیا۔ اس نے ایک بھرپور نظر سامعین پر ڈالی اور پھر اپنی بلند سوز بھری گہری آواز میں آڈیٹوریم کی فضا میں یہ پنکتیاں تحلیل کر دیں۔

چاہے گیتا باچیے یا پڑھیے قرآن
تیرا میرا پیار ہی ہر پستک کا گیان

محفل کی شروعات ہوئی بھی ان ہی پنکتیوں سے تھی۔ ماحول اور وقت کا یہی تقاضا تھا۔ پھر جگجیت نے اپنے نئے کیسٹ "منیں ٹو منیں" سے کچھ غزلیں

سنائیں اس غزل پر تو سامعین جھوم اُٹھے۔

ہو سکے تو یہ ہم کو سزا دیجیے
اپنی زلفوں کا قیدی بنا لیجیے

میرا خیال ہے کہ غزل گانے والے فن کاروں میں جگجیت واحد فن کار ہے جس کی آواز سننے والوں کے کانوں کو متاثر کرتی ہے اور جس کی اُنگلیاں ہارمونیم پر تھرکتے رہنے کے ساتھ ساتھ سامعین کی نبض پر بھی دوڑتی رہتی ہیں۔ اسے چند ہی لمحوں میں یہ معلوم ہو جاتا ہے کہ اس کے سامعین کی اس سے کیا توقعات ہیں اور وہ ان کی توقعات کو مکمل طور سے پورا کرتا ہے۔ جگجیت کی کامیابی کا شاید سب سے بڑا راز یہی ہے۔ جوں جوں محفل جوان ہوتی جاتی ہے جگجیت کا اپنے سامعین سے فاصلہ کم ہوتا جاتا ہے۔ پھر ایک گھڑی ایسی بھی آجاتی ہے جب یہ معلوم ہوتا ہے کہ تمام سامعین ذہنی طور پر ہال کی قطاروں سے اُٹھ کر اسٹیج پر آگئے ہیں اور جگجیت کو گھیرے ہوئے ہیں سامعین کی یکسوئی کی یہ انتہا ہے کہ انھیں جگجیت کی ہلکی سی سرگوشی بھی سنائی دے جاتی ہے۔ اس کا ایک کارن یہ بھی ہے کہ وہ جو کچھ بھی پیش کرتا ہے وہ سب اس کی اپنی شخصیت اور مزاج کا حصہ بن چکا ہوتا ہے۔ کلام چاہے دوسروں کا ہو لیکن کمپوزیشن اس کی اپنی ہوتی ہے اور اس لیے ایک ایک لفظ اس کے دل کی دھڑکن میں گھل گیا ہوتا ہے اور کم نشے والی میٹھی سُر شراب میں ڈھل چکا ہوتا ہے۔ اسی لیے جگجیت کے سامعین نشے سے شرابور ہوتے رہتے ہیں اور اس کی حلاوت کو ہر لمحہ محسوس کرتے رہتے ہیں۔

جس طرح کا ماحول جگجیت سنگھ کو چاہیے تھا اب وہ بن چکا تھا۔ اب سُننے والوں کے دل اور دماغ اس کی گرفت میں تھے۔ اب وہ ان سے کوئی بھی مطالبہ کر سکتا تھا۔ اسے احساس تھا کہ بہت سے لوگ آڈیٹوریم سے باہر کھڑے تھے اور اس کے کچھ دوست اُسے کرسیوں کی قطاروں میں بیٹھے نظر نہیں آرہے تھے۔ چنانچہ اس نے یہ مطالبہ کیا کہ جتنے بھی لوگ آڈیٹوریم کے

باہر کھڑے تھے انھیں اندر آنے کی اجازت دی جائے۔ آڈی ٹوریم کے گیٹ کھول دیے گئے۔ سُننے والوں کی تالیوں کے درمیان جتنے بھی لوگ باہر کھڑے تھے اندر آگئے اور دیواروں کے ساتھ لگ کر کھڑے ہو گئے۔ پھر اس نے اپنے دوستوں کے نام پکارے اور انھوں نے باری باری ہاتھ اٹھا کر اپنی شناخت کرائی۔ جس لمحے کا جگجیت کو انتظار تھا وہ آگیا تھا۔

اب وہ صابردت کی نظم "سچ بات کہی تھی میں نے" پیش کرنا چاہتا تھا۔ اس نے صابردت کو پکارا جو اسٹیج کے پیچھے گرین روم میں تھا۔ صابردت کا تعارف کراتے ہوئے جگجیت نے زبان و بیان پر اپنے عبور کا پورا ثبوت دیا۔ صابردت سامعین کے سامنے اسٹیج پر کھڑا تھا اور لوگ تالیوں سے اس کا استقبال کر رہے تھے۔

پھر صابردت تو اسٹیج کے پیچھے چلا گیا اور جگجیت کی پُراثر آواز اس کی نظم کے مصرعے سامعین تک پہنچانے میں مصروف ہو گئی۔

سچی بات کہی تھی مَیں نے
لوگوں نے مجھے سُولی پہ چڑھایا
مجھ کو زہر کا جام پلایا
پھر بھی اُن کو چین نہ آیا
سچی بات کہی تھی مَیں نے

خوبصورت نظم۔ جادو بھری آواز۔ سامعین جھُوم جھُوم اُٹھے۔

جگجیت کی انگلیاں سننے والوں کی نبض پر جمی تھیں۔ اور خود اس پر بھی اب وجد کی کیفیت طاری تھی۔ وہ اس وقت اپنے عروج پر تھا۔ سننے والوں کے دلوں پر اس کی حکومت پوری طرح قائم ہو چکی تھی۔

جگجیت نے ایک سرپرائز دی۔

اس نے میرا نام پکارا۔ انداز میں محبت اور عقیدت کا جذبہ تھا۔ مجھے کھڑا

ہونے کے لیے کہا اور پھر میرا مختصر سا تعارف دینے کے بعد کہا کہ وہ اب میری غزل پیش کرے گا:

مجھ میں جو کچھ اچھا ہے سب اُس کا ہے
میں نے جو کچھ لکھا ہے سب اُس کا ہے

آڈی ٹوریم تالیوں سے گونج اُٹھا۔

پھر جیسے ایک دم وہ اپنے آپ میں ڈوب گیا۔ غزل کا مطلع اپنی گہری پُرسوز آواز میں پیش کیا تو اس پر وجد طاری ہو گیا۔ اور پھر جوں جوں وہ غزل کے اشعار گاتا گیا۔

میری آنکھیں اُس کے نور سے روشن ہیں
میں نے جو کچھ دیکھا ہے سب اُس کا ہے

جتنی بار میں ٹوٹا ہوں وہ ٹوٹا تھا
اِدھر اُدھر جو بکھرا ہے سب اس کا ہے

اس کی آواز بھرا گئی۔ اس کا گلا رُندھ گیا اور اس کی آنکھوں میں آنسو آ گئے۔ جنھیں وہ بار بار پونچھتا رہا اور غزل کے اشعار بھی پیش کرتا رہا۔

سچ پوچھیے تو میری اپنی آنکھوں میں بھی آنسو آ گئے۔ مجھے لگا کہ غزل کے اشعار اس کے دل کی گہرائیوں میں اُتر گئے تھے اور اسے اپنے بیٹے وِویک کی یاد آ گئی تھی جو اس کی زندگی میں ایک کبھی نہ پُر ہو سکنے والا خلا چھوڑ گیا تھا۔ اس نے غزل ختم کی تو محسوس ہوا جیسے آڈی ٹوریم کی فضا ایک دم دل گداز کیفیت میں ڈھل گئی تھی۔

اب شاید اُسے تھوڑی دیر کے وقفے کی ضرورت تھی اُس نے وقفے کا اعلان کیا اور پھر وہ اپنی آرکسٹرا ٹیم کے ساتھ پردے کے پیچھے گرین روم میں چلا گیا۔ تھوڑی ہی دیر میں اس کے کچھ پُرانے دوست جن میں ہرپال ٹوانہ بھی شامل تھا گرین روم میں آ گئے۔ میں جب وہاں پہنچا تو وہ مجھ سے بغل گیر ہو گیا اور بولا۔

"میرے اگلے کیسٹ میں آپ کی یہ غزل شامل ہے، ذاکر صاحب۔"

"شکریہ" میں نے کہا۔

ہرپال ٹوانہ اور دو ایک دوسرے دوست میرے بارے میں اسے بتاتے رہے پھر میں نے کہا۔

"جگجیت صاحب میں ایک بہت بڑی لائبریری بنانا چاہتا ہوں یہاں، وِویک کے نام پر۔"

"آپ کوئی پروگرام رکھیے۔ میں آؤں گا اور تمام رقم لائبریری کے لیے اکٹھا کروا دوں گا۔"

جگجیت کی یہ بہت بڑی آفر تھی۔

ابھی کچھ ہی دن پہلے مجھے گراموفون کمپنی آف انڈیا لمیٹیڈ کی طرف سے جگجیت کا نیا کیسٹ ملا ہے جس کا نام ہے۔ CRY FOR CRY اس میں میری غزل شامل ہے۔ جگجیت نے یہ غزل واقعی بڑے خوبصورت اور دل کی گہرائیوں کو چھو لینے والے انداز میں گائی ہے۔ جگجیت کا یہ کیسٹ لاجواب ہے۔ میرے بہت سے دوستوں نے یہ کیسٹ خریدا ہے۔ اس کی غزلیں سُنی ہیں اور مجھے مبارکباد دی ہے۔

آواز کا جادو جگجیت کا ہے۔ مبارکباد مجھے مل رہی ہے۔

کتنی عجیب بات ہے۔

وقفہ کچھ زیادہ طویل ہو گیا تھا۔

لیکن آڈیٹوریم میں سے ایک بھی آدمی اٹھ کر نہیں گیا تھا۔ جگجیت جب دوبارہ اسٹیج پر آیا تو اب اس کے ذہن کی کیفیت ایک دم بدل چکی تھی۔

اس نے بڑے خوبصورت الفاظ میں چنڈی گڑھ شہر کی تعریف کی۔ پنجاب دھرتی سے اپنے گہرے سمبندھوں کا ذکر کیا اور ان سب دوستوں کو نام لے لے کر یاد کیا جن کی یادیں اس کے دل میں ابھی تک موجود تھیں۔ اور پھر جگجیت اپنی فارم میں آ گیا۔

دوسرے دَور کا آغاز اُس نے اس غزل سے کیا۔

میں رویا پردیس میں بھیگا ماں کا پیار دُکھ نے دُکھ سے بات کی بن چٹھی بن تار

بس اس کے بعد تو جگجیت نے جی بھر کر غزلیں سنائیں اور سننے والوں نے بھی جی بھر کر داد دی۔

سامعین کے اصرار پر جگجیت نے پنجابی لوک گیت سنانے شروع کیے۔ دیواروں کے ساتھ کھڑے نوجوان تو ناچنے لگے لوک گیتوں کی دھنوں پر۔ جگجیت ایک سے بڑھ کر ایک پنجابی گیت سنائے جا رہا تھا اور گیتوں کا خود بھی لطف اٹھا رہا تھا۔ آخری گیت سے تو جگجیت نے سامعین کے دل و دماغ کی سلطنت پر پوری طرح سے قبضہ کر لیا۔

لے کے پھلکاری سوہے رنگ دی
اگ لاوندی جائے جنھوں نِکّو لنگھدی

نکو کی پھلکاری نے تو آگ لگائی یا نہیں لیکن جگجیت کی آواز کے شعلے سارے آڈی ٹوریم میں لہرا رہے تھے۔

جب جگجیت اپنی جگہ سے اٹھا تو سامعین کی بھیڑ پاگل ہو چکی تھی۔ آدھی رات کی شروعات ہو گئی تھی اور آدھی رات کا ہیرو اپنے چاہنے والوں کو اپنے دستخطوں سے نواز کر گویا اس شہر کی سلطنت پر اپنے قبضے کا فرمان جاری کر رہا تھا۔

وہ اب لوٹ کر نہیں آئے گا

سریندر پنڈت سوز

سچ پوچھیے تو میں سریندر پنڈت سوز کے نام سے قطعی طور پر واقف نہیں تھا، اور شاید میں واقف نہ بھی ہوتا اگر میرا ٹرانسفر روہتک سے انبالہ چھاؤنی نہ ہو جاتا۔ انبالہ ایک ایسا شہر ہے جس کے بارے میں صرف مجھے اتنی واقفیت تھی کہ اس شہر سے ناصر کاظمی اور وقار انبالوی کی وابستگی تھی۔ میں اس شہر سے صرف گذرا ہی تھا کئی بار، لیکن شہر کے اندر جانے کا کبھی اتفاق نہ ہوا تھا۔ نہ انبالہ چھاؤنی میں اور نہ ہی انبالہ شہر میں۔ اس شہر سے گذرنا تبھی ہوتا تھا جب کبھی کسی میٹنگ کے سلسلے میں چنڈی گڑھ آنا ہوتا تھا۔ چنڈی گڑھ اکثر کار سے آتا تھا۔ اس لیے شہر کے باہر باہر سے نکل جاتا تھا۔ کبھی کبھار جب بس سے آنا ہوتا تو پھر بس اسٹینڈ پر گاڑی سے اُتر کر چائے کی ایک پیالی ضرور پیتا تھا یا پھر بک اسٹال پر ایک نظر ڈالتا تھا کہ کوئی اچھی کتاب یا میگزین مل جائے۔ انبالہ چھاؤنی کے بس اسٹینڈ پر بسیں اب کم دیر کے لیے رُکتی ہیں لیکن جس زمانے کا میں ذکر کر رہا ہوں اس زمانے میں ہر بس قریب قریب آدھ گھنٹہ تو ضرور ہی رُکتی تھی۔ بس اتنی واقفیت تھی میری انبالہ سے۔

لیکن جب میرا ٹرانسفر روہتک سے انبالہ ہوا اور سرکار نے مجھے نیلو کھیڑی میں شروع ہونے والے ایک خاص تعلیمی پروجیکٹ کی دیکھ بھال کرنے کے لیے انبالہ میں بلایا تو میں انکار نہ کر سکا حالانکہ میں جانتا تھا کہ انبالہ میرے لیے ایک دم اجنبی شہر ہو گا جہاں میرا

کوئی بھی دوست نہ تھا۔ یہ اگست ۱۹۶۵ء کی بات ہے جب میں اپنا مختصر سا سامان لے کر بحیثیت سرکل سوشل ایجوکیشن افسر انبالہ چھاؤنی کے ڈویژنل انسپکٹر آف اسکولز کی عمارت میں وارد ہوا تھا۔ جس دوپہر میں انبالہ پہنچا تھا۔ میرے ساتھ میرا بھائی اوم بھی تھا۔ دراصل وہ اس لیے میرے ساتھ آیا تھا کہ انبالہ چھاؤنی میں اس کے دو دوست تھے۔ وہ اس خیال سے آیا تھا کہ اس کے دونوں دوست اس نئے شہر میں سیٹل ہونے میں میرے مددگار ثابت ہوں گے۔ اس میں سے ایک دوست کا نام بھاگ سنگھ سوڈھی ہے جو اسٹینڈرڈ ہوٹل کا مالک ہے۔ اس کے دوسرے دوست کا نام راجندر ملہوترہ ہے جو ان دنوں امپیریل تمباکو کمپنی کا سول ڈسٹری بیوٹر تھا۔ عجیب بات یہ ہے کہ دونوں شخص جو میرے چھوٹے بھائی کے دوست تھے، اب میرے بھی بہت عزیز دوست ہیں۔ راجندر ملہوترہ سے بھی میری ملاقات، بھاگ سنگھ سوڈھی کے ہوٹل میں ہوئی، راجندر ملہوترہ نے ایک بلڈنگ ماڈل ٹاؤن انبالہ میں کرائے پر لے کر رکھی تھی جس کا کچھ حصہ بطور گودام استعمال کرتا تھا اور باقی کا حصہ جس میں اوپر والی منزل بھی شامل تھی، اپنے مہمانوں کو قیام کے لیے دیتا تھا۔ جب میرے بھائی نے راجندر ملہوترہ کو بتایا کہ میں کچھ مہینے اکیلا ہی رہوں گا تو اس نے فوراً یہ پیشکش کی کہ ماڈل ٹاؤن والی عمارت کا اوپر والا حصہ خالی پڑا ہے اور میں وہیں قیام کروں۔ ملہوترہ کی یہ تجویز بھاگ سنگھ سوڈھی کو بھی پسند آئی اور یہ فیصلہ ہوا کہ بجائے اسٹینڈرڈ ہوٹل میں رہنے کے میں راجندر ملہوترہ کے ماڈل ٹاؤن والے مکان میں اپنا ٹھکانہ کرلوں۔ راجندر ملہوترہ کا یہ وعدہ تھا کہ وہ ہر روز صبح ایک بار مجھے ضرور ملے گا اور اس بات کا دھیان رکھے گا کہ مجھے اس کے مکان میں کسی قسم کی تکلیف نہ ہو۔ مجھے اس بات کی بے حد خوشی تھی کہ راجندر ملہوترہ نے اس وعدہ کو اچھی طرح نبھایا۔ ہر طرح کی آسائش اور ہر طرح کا آرام مہیا کرنے کی کوشش کی۔ صبح کا ناشتہ کر کے میں اپنے آفس انبالہ چھاؤنی میں آجاتا تھا۔ دوپہر کو اکثر کھانا نہیں کھاتا تھا اور رات کا کھانا اسٹینڈرڈ ہوٹل میں کھا کر ماڈل ٹاؤن جاتا تھا۔

ایک دن راجندر ملہوترہ جب صبح مجھے ملنے آیا تو اس کے ساتھ ایک گورا سا اور

پیارا سا نوجوان بھی تھا جس کے ساتھ ایک عدد کتا بھی تھا۔ راجندر ملہوترہ نے اس سے میرا تعارف کراتے ہوئے کہا:۔

"ذاکر صاحب! یہ سریندر پنڈت سوز ہے، آپ کا ایک بہت بڑا ایڈمائرر۔"

سریندر پنڈت سوز نے بڑے تپاک سے ہاتھ ملایا اور ہنس کر بولا:

"مجھے کبھی یہ گمان بھی نہ تھا کہ میں "سیندور کی راکھ" کے مصنف سے انبالہ میں مل سکوں گا" اور پھر سریندر پنڈت سوز نے "سیندور کی راکھ" کا ذکر کرتے ہوئے اس کی بےحد تعریف کی اور ناول کی کچھ لائنز حرف بہ حرف سُنائیں۔ میں حیران تھا کہ یہ نوجوان کتنی سوجھ بوجھ کا مالک تھا اور لٹریچر کے بارے میں کتنی زیادہ واقفیت رکھتا تھا؟ میرے پوچھنے سے پہلے ہی اس نے بتایا کہ وہ ٹربیون میں کام کرتا تھا اور میٹرک کرنے کے بعد ہی اس اخبار کے عملے میں شامل ہوگیا تھا اور کئی برسوں سے وہیں کام کر رہا تھا۔ اسے شعر و شاعری کا شوق تھا اور خود بھی شعر کہتا تھا۔ راجندر ملہوترہ نے اسے درمیان میں ٹوکتے ہوئے یہ بھی انفارمیشن دی کہ سریندر پنڈت سوز کو کتے پالنے کا بہت شوق تھا اور اسی وجہ سے راجندر ملہوترہ سے اس کی دوستی تھی۔

اس انٹروڈکشن کے بعد میرے کمرے میں ہی چائے کی ایک ایک پیالی ہوئی۔ پھر راجندر ملہوترہ انبالہ چھاؤنی چلا گیا اور سریندر پنڈت سوز ٹربیون کے دفتر چلا گیا جو ان دنوں جگادھری روڈ پر واقع تھا۔ پھر اس کے بعد کئی روز تک سریندر پنڈت سوز سے ملاقات نہیں ہوئی۔

پھر ایک دن یہ ہوا کہ ماڈل ٹاون والے بس اسٹاپ سے جب میں انبالہ چھاؤنی کے لیے بس میں بیٹھا تو وہ بھی اسٹارٹ ہو چکی بس میں چڑھتا ہوا مجھ تک پہنچ گیا اور پھر میرا ٹکٹ بھی اس نے ہی خریدا۔ جب اپنے آفس کے قریب کے بس اسٹینڈ پر اُترنے لگا تو اس نے کہا کہ وہ شام کو مجھے اسٹینڈرڈ ہوٹل میں ملے گا۔ اس شام اسٹینڈرڈ ہوٹل میں یہ میری سریندر پنڈت سے دوسری ملاقات تھی۔

اس کے بعد اس سے اکثر ملاقاتیں ہوتی رہیں اور وہ مجھے اکثر اچھے شعر سُناتا

رہا اور مجھ سے بار بار اصرار کرتا رہا کہ میں اپنی کہانیاں اسے دوں جن کا ترجمہ وہ ہندی اور انگریزی دونوں میں کرے گا۔ ہندی کہانیوں کے چھاپنے کے لیے اس نے انبالہ میں کسی پبلشر سے بات بھی کر لی تھی۔ انگریزی میں ترجمہ کر کے میری کہانیاں وہ ٹریبیون میں ہی چھپنے کے لیے دے گا۔ باتوں کے دوران اس نے بتایا کہ اس کی پروموشن ہو گئی تھی اور اب وہ ٹریبیون میں ہی لائبریرین بنا دیا گیا تھا اس سے وہ بہت خوش تھا اس نے کہا:

" اب میں اچھی کتابیں پڑھ سکوں گا اور آپ کو بھی اچھی کتابیں پڑھنے کے لیے دوں گا۔ کیوں کہ ٹریبیون میں جتنی بھی کتابیں ریویو کے لیے آتی ہیں سب سے پہلے مجھے ہی ملتی ہیں۔"

سریندر پنڈت سوز سے بس اس طرح میرے تعلقات استوار ہوئے۔ ابھی تعلقات کی استواری ابتدائی منزلوں میں ہی تھی کہ ۶ ستمبر کو پاکستان کے ہوائی جہازوں نے انبالہ پر بمباری کر دی۔ اس سے کچھ روز پہلے جب دونوں ملکوں کے درمیان جنگ چھڑی تھی تو ہر رات سائرن گونجتے تھے، روشنیاں بجھا دی جاتی تھیں اور سڑکیں، بازار، گلیاں سب سنسان ہو جاتی تھیں۔ ان دنوں میں شام کو بہت جلدی ماڈل ٹاؤن آجاتا تھا اور اب میں نے کھانے کا انتظام بھی گھر پر ہی کر لیا تھا کیوں کہ بہت دیر باہر رہنا ممکن نہیں تھا۔ شام کو اکثر سریندر پنڈت سوز میرے گھر آجاتا اور کافی دیر تک ہم شعر و ادب کی باتیں کرتے تھے۔

انھیں دنوں اس نے میری کچھ کہانیوں کا ترجمہ ہندی میں کر لیا تھا اور کتاب کا مسودہ کسی پبلشر کو دینے والا تھا۔ سریندر پنڈت سوز جب بھی میرے گھر آتا اس کے ساتھ اس کا کتا ضرور ہوتا۔ لگتا تھا کہ کتا اور سریندر پنڈت سوز دونوں ہی ایک دوسرے کو بے حد پیار کرتے تھے کیوں کہ کتا بجائے کہیں اور بیٹھنے کے سریندر کے پاؤں میں ہی پڑا رہتا تھا۔ اگر وہ لمحہ بھر کے لیے بھی اپنی جگہ سے اٹھتا تو کتا بھی ساتھ ہی اٹھ جاتا۔ سریندر پنڈت سوز کو ایک دوسرا شوق بھی تھا اور وہ تھا قلم جمع کرنے کا۔ اس نے قسم قسم

کے قلم جمع کر رکھے تھے اور اس کے کہنے کے مطابق وہ ہر روز نئے قلم سے لکھتا تھا۔ ایک دن اس نے ایک بہت ہی خوبصورت پین مجھے پیش کیا اور کہا کہ میں تازہ کہانی اسی قلم سے لکھوں اور جب میں نے اس کے کہنے کے مطابق نئی کہانی اس کے دیے ہوئے قلم سے لکھی تو وہ بہت خوش ہوا۔ اس نے کہا کہ وہ جب بھی نیا قلم لے گا تو اپنے علاوہ میرے لیے بھی ایک قلم کا انتظام ضرور کرے گا۔ میرے پاس سریندر پنڈت سوز کا دیا ہوا قلم اب تک موجود ہے، جس سے میں نے ستمبر میں پہلی کہانی لکھی تھی۔ قلم تو بہت پُرانا ہو گیا ہے لیکن میں اب بھی کبھی کبھی اسے جیب میں لگا لیتا ہوں اور اس طرح ان لمحوں سے رشتہ جوڑ لیتا ہوں جو انبالہ میں میں نے سریندر پنڈت سوز کے ساتھ گزارے تھے اور پھر ہوا یہ کہ ۱۲ ستمبر کی بمباری سے ماڈل ٹاؤن میں میرے گھر کے نزدیک کے گھر میں بہت نقصان ہوا۔ چھاؤنی میں ملٹری اسپتال میں کچھ مریض زخمی ہوئے اور سارے انبالہ میں خوف و ہراس پھیل گیا۔ جس رات میرے گھر کے ساتھ والے گھر پر بم گرا اور بم کے سپلنٹرز میرے گھر کی چھت پر گرے تو صبح ہونے سے پہلے جو دو شخص میرے گھر پہنچے ان میں ایک بھاگ سنگھ سوڈھی اور دوسرا سریندر پنڈت سوز تھا۔ وہ دونوں میری خیریت پوچھنے آئے تھے اور میں حیران تھا کہ اس افراتفری کے وقت میں وہ اپنی فکر کیے بغیر مجھ تک کیسے پہنچ گئے تھے۔

سریندر پنڈت سوز کی ملاقاتوں میں کچھ وقفہ اس لیے پڑ گیا کہ ہریانہ بننے کے بعد میرا ٹرانسفر چنڈی گڑھ ہو گیا اور ٹریبیون کا آفس چنڈی گڑھ میں منتقل ہونے میں بھی کچھ وقت لگ گیا۔ جب ٹریبیون کا آفس چنڈی گڑھ میں منتقل ہو گیا تو سریندر پنڈت سوز انبالہ سے ہر روز چنڈی گڑھ آتا تھا اور شام کو واپس انبالہ چلا جاتا تھا۔ بس یہی کارن تھے کہ سریندر پنڈت سوز سے میری ملاقاتیں کم ہوتی گئیں لیکن جب سریندر پنڈت سوز کو ٹریبیون کالونی میں مکان مل گیا تو پھر وہ بیوی بچوں سمیت یہیں شفٹ ہو گیا اور اس کی ملاقاتیں مجھ سے زیادہ ہونے لگیں۔ دراصل یہ ملاقاتیں ان خوبصورت لمحوں کی داستانیں ہیں جو ہم دونوں نے اکٹھے گزارے اور جن میں پھیلے ہوئے سکون اور درد دونوں کیفیتوں کو ہم نے اپنے دامن میں سمیٹ لیا اور الگ الگ ان سے لطف اندوز ہوتے رہے۔

مَیں ان ملاقاتوں کو اگر گِنوانا شروع کروں اور ان کی تفصیلات کا ذکر کروں تو ایک مکمل کتاب بن سکتی ہے۔ اس لیے ان کا ذکر بہت مختصر طور پر ہی کروں گا اور وہ بھی کہیں کہیں چنڈی گڑھ آجانے سے سریندر پنڈت سوز کی ادبی زندگی کو ایک نیا موڑ ملا اور اس کی شخصیت میں کچھ نئے پہلو شامل ہوئے۔ انھیں دنوں اس نے اپنی مختصر کہانیاں انگریزی میں چھپانا شروع کیں۔ کہانیاں ٹریبیون میں چھپتی تھیں۔ اس کی جب بھی کوئی نئی کہانی چھپتی مَیں بڑے شوق سے پڑھتا۔ سریندر پنڈت سوز کو یہ بھی چاؤ رہتا کہ وہ مجھے ملے اور اپنی کہانیوں کے بارے میں میرا ردِ عمل معلوم کرے۔ مجھے اس کی کہانیوں میں جو بات سب سے زیادہ پسند تھی وہ یہ تھی کہ کہانی مختصر ہوتی اور اس میں روزمرہ کے مسئلوں سے اُلجھتے کردار اپنی جدوجہد میں مصروف نظر آتے۔ اس کے چنڈی گڑھ آجانے سے میری وہ کہانیاں جن کو اس نے ہندی میں منتقل کیا تھا اس پبلشر سے کتابی شکل میں نہیں چھپ سکی تھیں جس سے اس نے چھپوانے کا فیصلہ کیا تھا۔ مَیں نے اس کی ترجمہ کی ہوئی کہانیاں دلّی کے کسی دوسرے پبلشر کو شائع کرنے کے لیے دے دی تھیں۔ جس روز مَیں نے اسے کہانیوں کا چھپا ہوا مجموعہ دکھایا تو وہ بے حد خوش ہوا۔ پھر اس نے کہا:

"اس کتاب کا سیلیبریشن ہونا چاہیے ذاکر صاحب۔"

میں نے اس کے کہنے کے مطابق کتاب کی اشاعت کا سیلیبریشن کیا، لیکن اس سارے پروگرام میں سوائے سریندر پنڈت سوز کے اور اس کے دوست راجندر چڈھا کے جو ٹریبیون میں کام کرتا تھا تیسرا کوئی شخص موجود نہ تھا۔ یہ وہ زمانہ تھا جب سریندر پنڈت سوز نے پیاری پیاری اور نئی بحروں میں بڑی تیز رفتاری سے غزلیں کہنا شروع کی تھیں۔ پاکستانی شاعروں میں اسے منیر نیازی پسند تھا۔ وہ چاہتا تھا کہ منیر نیازی ہی کی طرح وہ بھی غزلیں کہے۔ وہ جب کبھی مجھے ملنے آتا جیب میں سے ایک آدھ مڑا تڑا کاغذ نکالتا اور اس پر لکھے ہوئے اشعار سُناتا۔ میرا مطلب یہاں اس کے اشعار کا ذکر کرنا نہیں ہے۔ مَیں صرف اس کے ذہن کی اُپج اور ان نئے پہلوؤں کی طرف اشارہ کرنا چاہتا ہوں جو دھیرے دھیرے اس کی شخصیت کو اپنی گرفت میں لیتے جا رہے تھے۔

اس کی شخصیت کا ایک نیا پہلو جو اب تک میری نظروں کے سامنے کھل کر نہیں آیا تھا، وہ اس کی شراب نوشی تھی۔ اس کے کئی نو آموز شاعر اور ادیب ساتھی بن گئے تھے اور اسے کسی نہ کسی بہانے شراب پلاتے رہتے تھے۔ مَیں نے دو ایک بار اسے ٹوکنے کی کوشش کی تو وہ ناراض ہو گیا۔ نتیجہ یہ نکلا کہ اس نے مجھ سے ملنا کم کر دیا۔ جب کبھی محفل یا مشاعرے میں اس سے ملاقات ہوتی تو وہ ہمیشہ مخمور نظر آتا لیکن ادب کا پہلو کبھی ہاتھ سے نہ جانے دیتا، اس لیے وہ جب بھی ملا جھک کر ملا اور بڑے ادب سے پیش آیا۔

دراصل سریندر پنڈت سوز کی چھوٹی بڑی ڈھیر ساری تمنائیں تھیں، آرزوئیں تھیں اس کے ذرائع محدود تھے لیکن اس کی سوچ کی یہ پرواز بہت اونچی اور لمبی تھی۔ کئی دنوں تک اس پر فلمی گانے لکھنے کی دُھن سوار رہی اور اس سلسلے میں وہ پروڈیوسروں سے بھی ملتا رہا اور ان کے آگے پیچھے چکر کاٹتا رہا۔ اس نے کچھ فلمی گیت مجھے سنائے اور داد بھی چاہی، مَیں نے داد دی تو مگر یہ بات بھی سمجھانے کی کوشش کی کہ اسے فلمی زندگی راس نہ آئے گی۔ اسے ادھر جانے کے لیے اتنا اُتاؤلا نہیں ہونا چاہیے۔ مجھے معلوم نہیں میری اس بات کا اس پر کیا ردّعمل تھا لیکن وہ اس نشے سے اپنے ذہن کو الگ نہیں کر سکا اور فلموں میں جانے کی سوچتا رہا۔

سریندر پنڈت سوز بڑا رجائی قسم کا انسان تھا۔ اسے تاریکی میں روشنی کی کرن ضرور نظر آتی اور شاید یہی وجہ تھی کہ وہ سخت کڑے حالات میں سے گذرتے ہوئے بھی زندگی سے مایوس نہ تھا۔ جب کبھی کوئی اچھی کتاب پڑھتا، اس کا ذکر ضرور مجھ سے کرتا اور وہ کتاب مجھے بھی پڑھنے کو دیتا۔

اسے ایک خواہش یہ بھی تھی کہ اس کا کلام انگریزی میں چھپے، ایک دن میرے پاس آیا اور کہنے لگا کہ اس کی انگریزی نظموں کی کتاب کا دیباچہ خوشونت سنگھ نے لکھا تھا۔ اس نے مجھ سے وعدہ کیا تھا کہ جوں ہی کتاب چھپے گی اس کی پہلی جلد وہ مجھے پیش کرے گا۔ مَیں نہیں جانتا اس کی کتاب کیوں نہیں چھپی۔ مجھے نہیں معلوم کہ کیا واقعی اس نے اپنی انگریزی میں ترجمہ شدہ نظموں کو چھپانے کے لیے کسی پبلشر سے بات کر رکھی تھی

اور کیا واقعی خوشونت سنگھ نے اس کا دیباچہ لکھا تھا۔ میرے خیال میں یہ سب صورتیں حالات سے فرار حاصل کرنے کے لیے تھیں۔ اس کی شخصیت میں فرار کا پہلو آخری دنوں میں اتنا رچ بس گیا تھا کہ اس نے اپنے آپ کو سجانے اور سنوارنے کی کوشش شروع کر دی تھی۔ اس کے بال سفید ضرور ہو گئے تھے لیکن اس کی شخصیت میں حسن اور خوبصورتی سے لگاؤ بڑھ گیا تھا۔

موت سے ایک ہفتہ پہلے وہ کافی رات گئے میرے پاس آیا اور کہنے لگا:

" ذاکر صاحب زندگی میں پہلی بار مجھے ڈپریشن ہونے لگا ہے، مجھے ایسا لگتا ہے کہ وہ خواب جن کے لیے میں اپنا خون دیتا رہا ہوں مکمل نہیں ہوں گے، اچھا میں چلتا ہوں۔" یہ کہہ کر وہ اچانک اپنی جگہ سے اٹھا اور نہ جانے کیوں اس نے میرے پاؤں چھوئے۔ میں اسے اپنے مکان کے گیٹ تک چھوڑنے باہر اس کے ساتھ آیا اور پھر وہ پل بھر میں نظروں سے اوجھل ہو گیا۔

پھر کئی روز تک وہ نظر نہیں آیا۔ جس روز اس کی موت کی خبر آئی مجھے یوں لگا کہ چار پانچ روز پہلے جب وہ مجھے ملنے آیا تھا تو وہ اسکوٹر کو اسٹارٹ کر کے فوراً ہی تیزی سے ساتھ والی سڑک پر گھوم گیا تھا۔ اسے جیسے جانے کی بہت جلدی تھی۔ دراصل وہ مجھے تو اسی دن چھوڑ گیا تھا۔ شاید اس نے دنیا سے جانے کا کوئی راستہ تعین کر لیا تھا اور اس نے جی میں ٹھان لی تھی کہ اب اس راستے سے لوٹ کر واپس نہیں آئے گا۔ اس کے لیے فرار کا یہی ایک راستہ رہ گیا تھا شاید۔

سریندر اب ہمارے درمیان نہیں۔ وہ اب مجھے ملنے کبھی نہیں آئے گا۔ لیکن اس کی باتیں ہمیشہ یاد آتی رہیں گی اور جس غمناک انداز میں وہ مجھے شعر سنایا کرتا تھا وہ انداز میری روح کو جھنجھوڑتا رہے گا۔ میں اس کا یہ شعر اکثر گنگناتا رہتا ہوں ؎

میں صندلی لباس ہوں مرنے کے بعد بھی سب راستوں پہ اپنی مہک چھوڑ جاؤں گا

تیس سال پہلے پاکستانی ہوائی جہازوں کی بمباری کے بعد سات ستمبر کی صبح کو وہ میری خیریت پوچھنے آیا تھا اور سات ستمبر ہی کو دو سال پہلے میں اسے چتا کی آگ کے شعلوں کے سپرد کر کے آیا تھا۔

قدرت کا کتنا بڑا مذاق تھا یہ!

کلائمیکس کا آدمی
وِشوناتھ تیواڑی

ایڈگر ایلن پو نے افسانے کے بارے میں جو بات بہت پہلے کہی وہ آج بھی سچ معلوم ہوتی ہے۔ اس نے کہا تھا:

" IT IS A PIECE OF FICTION, DEALING WITH A SINGLE INCIDENT, MATERIAL OR SPIRITUAL, THAT CAN BE READ AT A SITTING : IT IS ORIGINAL, IT MUST SPARKLE, EXCITE OR IMPRESS ; AND IT MUST HAVE UNITY OF EFFECT OR IMPRESSION. IT SHOULD MOVE IN AN EVEN LINE FROM ITS EXPOSITION TO ITS CLOSE "

دراصل اُردو، ہندی، پنجابی، ڈوگری، کشمیری اور ہندوستان کی کئی دوسری زبانوں میں مختصر افسانے کا کوئی WELL DEFINED وجود نہیں تھا۔ مختصر افسانہ مغرب کی دین ہے اور مغرب کی مدد ہی سے اس نے ترقی کی ہے۔ اُردو، ہندی اور پنجابی ادیبوں کی شروع کی کوششوں میں مغربی ادیبوں کی کہانیوں کو اپنی اپنی زبانوں میں ترجمے کرنا شامل تھا۔ طبع زاد مختصر افسانے تو بہت بعد میں لکھے گئے۔

لیکن اُردو، ہندی اور پنجابی کے ادیبوں نے تھوڑے عرصے میں مختصر افسانے کے میدان میں اپنی تخلیقات کی مدد سے اپنا مقام بنا لیا اور یہ ایک قابلِ قدر بات ہے۔

میری بدقسمتی یہ رہی کہ مجھے وشوا ناتھ تیواڑی کو ایک کہانی کار کی حیثیت سے جاننے اور پہچاننے کا موقع نہیں ملا۔ میں نے اُسے ایک معتبر پنجابی شاعر کی حیثیت سے تو جانا بھی، پہچانا بھی اور سُنا بھی اس کے بے حد گہرے مطالعے کی بنا پر لکھے ہوئے عالمانہ مضامین سُننے کا بھی کئی بار اتفاق ہوا۔ مختلف زبانوں کے لٹریچر پر اس کی نظر بہت پختہ تھی۔ مجھے یاد ہے جب اس نے نومبر ۱۹۸۰ء میں "ہندوستانی ادب پر نہرو کا اثر" کے موضوع پر مجھ سے کئی بار گفتگو کر کے بڑی گہرائی سے یہ جاننے کی بھی کوشش کی کہ اُردو ادیب پنڈت نہرو کی شخصیت اور اس کے کردار سے کہاں تک متاثر ہوئے تھے۔ اس نے جب بھی نہرو سٹڈی سینٹر کی طرف سے کوئی سمینار کرایا مجھے کوئی نہ کوئی پرچہ لکھنے کے لیے کہا۔ کبھی میں لکھ سکا، کبھی نہ بھی لکھ سکا۔ اس میں میری اپنی مصروفیتیں اور کمزوریاں شامل تھیں۔ جہاں تک وشوا ناتھ تیواڑی کی لگن کا تعلق ہے اس کے بارے میں بس اتنا کہوں گا کہ وہ کسی کے ہاتھوں قتل نہیں ہوا۔ اس کے قاتل تو اس کا اپنا خلوص اپنی لگن اور انسانی قدروں میں بھرپور وشواس تھا۔ اگر خلوص، لگن اور وشواس بھی قاتل ہو سکتے ہیں تو وہی اس کے قاتل تھے اور ان قاتلوں پر دنیا کی کسی بھی عدالت میں مقدمہ نہیں چلایا جا سکتا کیوں کہ اس قتل کی گواہی دینے والا کوئی نہیں ملے گا۔

وشوا ناتھ تیواڑی کی کہانیوں کے بارے میں جو کچھ کہہ رہا ہوں وہ میرے بہت ہی محدود مطالعے پر منحصر ہے۔ جیسا کہ میں نے پہلے عرض کیا ہے میں نے تیواڑی کی کہانیاں نہیں پڑھی تھیں، میں اس کی کہانیوں کے بارے میں جو کچھ کہہ رہا ہوں وہ صرف ان میں سے کچھ کہانیوں کو پڑھنے کے بعد کہہ رہا ہوں، جو کہانیاں اس کے مجموعے "کتھ دی چوری" میں شامل ہیں۔ اور یہ مجموعہ بھی میری درخواست پر ڈاکٹر سچدیو نے مجھے بہم پہنچایا۔ اگر مجھے یہ مجموعہ بھی نہ مل سکتا تو میں شاید تیواڑی کے بطور ایک کہانی کار کے کچھ نہ کہہ سکتا۔ اس کے لیے میں ڈاکٹر سچدیو کا شکر گذار ہوں۔ لیکن اس کے ساتھ جو اصرار ڈاکٹر جتیندر موہن مجھے دیتا رہا وہ بھی اس میں مددگار ثابت ہوئے۔ لیکن اصلی تحریک تو مجھے وشوا ناتھ تیواڑی خود دیتا رہا ہے اپنی یادوں سے، اپنی

باتوں سے اور اپنے خلوص سے۔

ایلین پو اور سارسٹ ماہم نے کہانی کاروں کو جو ایک بہت بڑا سبق دیا ہے وہ یہ ہے کہ اپنی بات اختصار سے کہو۔ کہانی، ادب کی ایک ایسی صنف ہے جو بہت نازک مزاج ہے۔ وہ زیادہ بوجھ برداشت نہیں کر سکتی۔ لفظوں کا کم سے کم استعمال کر کے اپنی بات کہہ ڈالو تو تم کامیاب کہانی کار ہو ورنہ صرف ایک کتھا کار۔ آج کے آدمی کے پاس کتھائیں سننے کا وقت نہیں۔ اسے تو منی کہانیاں چاہئیں۔ فرصت ہی کہاں ہے بے چارے کے پاس کہ اپنے دماغ پر لفظوں کا بوجھ لاد کر گھومتا رہے۔ اور الفاظ کی اس بھیڑ میں مطلب کی بات تلاش کرتا رہے۔ تھوڑے سے لفظوں میں مطلب کی بات کہہ دینا ہی کہانی کا اصلی فن ہے۔ اور وشوا ناتھ تیواڑی نے یہ راز جان لیا تھا۔ اس لیے اس کی کہانیاں افسانہ نگاری کے میدان میں کامیاب تجربے ہیں۔ اس لحاظ سے میں وشوا ناتھ تیواڑی کو ایک بڑا کہانی کار مانتا ہوں۔ اس کی کہانیاں پڑھ کر ہی مجھے محسوس ہوا کہ اس کے بارے میں لکھا ہوا یہ مضمون اگر طویل ہو گیا تو وہ ناراض ہو جائے گا۔ اور میں اپنے عزیز دوست کو جو مجھے پیار بھی کرتا تھا اور میری بے حد عزت بھی کرتا تھا۔ کسی بھی صورت میں ناراض نہیں کر سکتا۔ اس لیے لمبی بات نہیں کروں گا۔

اپنی بات کی وضاحت کے لیے میں صرف کچھ ہی کہانیوں کا ذکر کروں گا۔ "گھکھو دی چوری" کہانیوں کے اس مجموعے کی پہلی کہانی ہے جس کا نام بھی "گھکھو دی چوری" ہی ہے۔

کہانی کا ہیرو کوئی نہیں۔

صرف ہیروئن ہے جس کا نام سُندری ہے۔ وہ اپنے دوسرے خاوند کے ساتھ رہ رہی ہے۔ جو شخص اس کی کہانی سُنا رہا ہے، سُندری اس کے گھر میں کام کرتی ہے ایک دن سُندری کا خاوند شور مچاتا ہے کہ اس کے گھر کا کچھ قیمتی سامان چوری ہو گیا ہے اور کہتا ہے کہ جو سامان چوری ہوا ہے وہ دراصل چوری نہیں ہوا۔ سُندری نے وہ سارا سامان اپنے کسی یار کے گھر میں رکھوا دیا ہے۔ چور دراصل اس کی اپنی بیوی ہے کوئی دوسرا آدمی نہیں۔ جب پولس میں رپٹ درج کروانے کی نوبت آجاتی ہے اور معاملہ

زیادہ سیریس ہونے لگتا ہے تو کہانی کار (جو خود وشوا ناتھ تیواری ہی ہو سکتا ہے) سندری کو سمجھاتا ہے کہ جہاں اس نے سامان رکھا ہے اسے واپس لے آئے ورنہ معاملہ بہت بگڑ جائے گا۔ بس اس نازک لمحے پر سندری کے یہ الفاظ کہانی پڑھنے والے کے دماغ پر ہتھوڑے کی طرح پڑتے ہیں۔

"جین لئی بہت کجھ لکاوناں پیندا ہے
میں تاں اپنے پتر دی مجرم ہاں، میں
تاں اپنی کُکھ دی چور ہاں۔"

کہانی کا اس سے بہتر کلائمکس اور کیا ہو سکتا تھا؟

دوسری کہانی جس کا ذکر کرنا چاہوں گا "منی پلانٹ" ہے۔

اس کہانی کی خصوصیت یہ ہے کہ اس میں صرف دو کردار ہیں۔ ایک نوجوان لڑکا اور ایک نوجوان لڑکی۔ دونوں کا کوئی نام نہیں۔ ساری کہانی ان دو بے نام کرداروں کے گرد گھومتی ہے۔ یہ کہانی بھی ہیروئن کی ہی کہانی ہے، ہیرو کی نہیں۔ ہیرو تو دراصل ناجائز بچہ ہے۔ جو لڑکی کے پیٹ میں پل رہا ہے اور جسے اس کا عاشق قتل کرنا چاہتا ہے۔ وہ کسی لیڈی ڈاکٹر کی تلاش میں ہے جس سے وہ لڑکی کا حمل گروانا چاہتا ہے۔ حقیقت یہ ہے کہ وہ بھی صرف ایک بہانہ ہے۔ وہ کسی لیڈی ڈاکٹر کی تلاش میں نہیں۔ صرف اس لڑکی کو ٹالے جا رہا ہے۔

یہ مختصر سی کہانی اس لمحے سے شروع ہوتی ہے جہاں لڑکی اچانک اس کمرے میں داخل ہوتی ہے جو اس کا جانا پہچانا کمرہ ہے۔ جس میں وہ پہلے بھی کئی بار آ چکی ہے۔ اور اس لڑکے سے اپنی عزت لٹواتی رہی ہے۔ جو اسے ہر دفعہ یہ کہتا رہا ہے کہ وہ ساری کی ساری اس کی ہے اور وہ سارے کا سارا اس لڑکی کا ہے۔ آج جب وہ کمرے میں داخل ہوتی ہے تو وہ چیخ کر کہتا ہے۔

"توں!" جیسے اس پر بجلی گر پڑی ہو۔

لڑکی بڑے سکون سے جواب دیتی ہے۔

"وہاں میں!" اور یہ کہتے ہوئے اس کے ہونٹوں پر جمی سکری اس کی جھولی میں گر پڑی اور اس نے اپنے ہونٹوں کو پونچھ لیا۔ دیکھیے کتنی خوبصورت جزو نگاری ہے۔ آج یہ کمرہ اور اس کی ہر چیز لڑکی کو اوپری نظر آرہی تھی جیسے سب کچھ بدل گیا تھا۔ تپائی پر بوتل میں رکھا منی پلانٹ تو وہی تھا لیکن اس کے دو بڑے پتوں کے درمیان جو چھوٹا سا تیسرا پتا کونپل کی طرح پھوٹ رہا تھا اس پر ایک کیڑا جم کر بیٹھا تھا۔ جیسے اس چھوٹی سی کونپل کو چاٹ جائے گا۔ عین اسی وقت لڑکے نے اسے کہا کہ اسے دو تین دن کا انتظار کرنا چاہیے کیوں کہ ایک ناجائز کام کو کروانے کے لیے کسی لیڈی ڈاکٹر کو راضی کرنے میں کچھ وقت لگنا ضروری تھا۔ یہی کہانی کا بڑا نازک موڑ ہے جسے تیواڑی نے لڑکی کے منہ سے یہ الفاظ کہلوا کر بڑی ہوشیاری سے سنبھال لیا ہے۔

"مرد پلاں وچ جائز لڑکی نوں ناجائز ماں وچ بدل سکدا ہے۔ پر جائز ماں نوں ناجائز کڑی وچ بدلن لئی دو تین دن لگ سکدے ہن۔"

پھر جب لڑکا بلیک ٹی کے ساتھ ابکائی روکنے کے لیے لڑکی کو ایک گولی دیتا ہے تو وہ اسے زبان پر رکھنے کے بعد ایک دم تھوک دیتی ہے۔ اور اس کی نظریں بوتل میں پڑے منی پلانٹ پر جم جاتی ہیں جس کے دو پتوں کے درمیان، تیسرے پھوٹتے ہوئے نئے اور نازک چھوٹے سے پتے کو کیڑا ختم کر دینا چاہتا ہے۔

میرے خیال سے "منی پلانٹ" کا اصلی ہیرو وہی ناجائز بچہ ہے جو لڑکے اور لڑکی کے جنسی تعلقات کی کوکھ سے تیسرے پتے کی طرح پھوٹ رہا ہے اور جسے قتل کرنے کی سازش میں وہ لڑکی شریک نہیں ہو سکتی کیوں کہ وہ ایک ماں ہے۔

میں نے کوشش کی ہے کہ اپنے اس مضمون میں تیواڑی کی مختلف موضوعات پر لکھی ہوئی کہانیاں لوں۔ اس لیے میں نے صرف ایک موضوع نہیں لیا۔ تیواڑی کے فن کی ایک خوبی یہ بھی ہے کہ اس نے سماج پر بڑی گہری نظر رکھی ہے اور جہاں بھی کہیں کوئی سماجی مسئلہ اس کے سامنے آیا ہے اس نے اس سے آنکھ نہیں چرائی بلکہ ایک حساس دیانت دار ادیب کی طرح فوراً ہی اس مسئلے کو اپنی کہانی کا موضوع بنا لیا۔

"موم دانک" ایک ایسے شخص کی کہانی ہے جس کے سامنے زندگی کا ایک اعلیٰ اور بڑا مقصد ہے۔ وہ صرف جینے، نوکری کرنے اور پنشن پاکر مرجانے ہی کو زندگی نہیں سمجھتا۔ وہ زندگی کی تعمیری قدروں کا پرستار ہے اور چاہتا ہے کہ اس کا لڑکا اجے بھی زندگی کی اونچی قدروں کی خاطر سنگھرش کرے اور صرف جینے کی خاطر سماج سے سمجھوتہ نہ کرے۔ اجے جانتا ہے کہ اس کا آدرش وادی باپ بیمار ہے اور اس کی جوان بہنوں کی ذمہ داری بھی اس پر ہے۔ اس نے ایم اے میں فرسٹ کلاس حاصل کی ہے اور اب اسکالرشپ کے لیے کوشش کر رہا ہے۔ اس دوران اس کی سلیکشن ہو جاتی ہے اور اسے اپوائنٹمنٹ لیٹر بھی آجاتا ہے۔ گھر تو کیا سارا اڑوس پڑوس خوش ہے۔ سب چاہتے ہیں کہ وہ سروس جوائن کر لے۔ لیکن اس کا آدرش وادی باپ اس پر راضی نہیں۔ وہ چاہتا ہے کہ اجے اسکالرشپ کے لیے اپنی کوشش جاری رکھے اور نوکری نہ کرے۔ اپنے بیٹے کے ساتھ گفتگو کرتے ہوئے وہ کہتا ہے۔

"دنیا موم دانک ہے جو چڑھدے سورج اَنوسار اپنا رُخ بدلدا رہندا ہے۔"

اجے سروس جوائن نہیں کرتا اور اسکالرشپ کے لیے ہی جدوجہد کرتا رہتا ہے اور اپنی ریسرچ جاری رکھتا ہے۔ اس ساری جدوجہد میں اس کی دوست نیلو اس کا حوصلہ بڑھاتی رہی۔ ریسرچ کے بعد اس نے ایک غیر سرکاری کالج میں نوکری کر لی لیکن کالج چلانے والی سنستھا نے اس کے نظریات اور خیالات کو برداشت نہ کیا اور اسے کسی دوسری جگہ ٹرانسفر کر دیا۔ آدرش کی خاطر لڑنے والے اجے نے نوکری سے استعفیٰ دے دیا۔ جب کچھ عرصہ بعد اس نے پی۔ ایچ۔ ڈی کی تو اسے سرکاری سروس مل گئی۔ جس وقت اسے سرکاری نوکری ملی اس کی سماجی حیثیت ایک دم اونچی ہوگئی اور سماج کا رویّہ فوراً ہی بدل گیا۔ اجے نے اس وقت بڑا ہی پُرمعنی کومنٹ کیا۔ دیکھیے کتنا زوردار کومنٹ ہے۔

"صرف سورج چڑھ رہیا سی۔ موم دانک نے اپنا رُخ بدل لیا سی۔"

میں یہ سمجھتا ہوں کہ لیکھک چاہے کتنا ہی اوبجیکٹیو ہو جائے اور اپنی ذات کو اپنی رچناؤں میں لانے سے گریز کرتا رہے لیکن یہ حقیقت ہے کہ لکھنے والا اپنی تحریروں

میں ہر جگہ بکھرا ہوتا ہے۔ اس کے اپنے تجربے، اس کا اپنا ماضی، ماضی سے جڑے ہوئے لوگ اور ان لوگوں سے جڑے ہوئے مسئلے سب اسے گھیرے رکھتے ہیں اور ادیب نہ چاہتے ہوئے بھی اپنی تحریروں میں بکھرا رہتا ہے۔ اپنی رچناؤں میں یوں بکھر جانا ہی دراصل آرٹ ہے۔ وہ بکھرا بھی رہے اور نظر بھی نہ آئے یہی آرٹسٹ کا کمال ہے۔ وشوا ناتھ تیواڑی کو یہ کمال حاصل ہے۔

ایک اور اہم منت جو تیواڑی کی کہانیوں میں بڑے تیکھے انداز سے ملتا ہے وہ ہے، لطیف لیکن پُر اثر طنز جو پرولٹیسٹ کے روپ میں سامنے آتا ہے تو پڑھنے والا چونک اٹھتا ہے۔ وشوا ناتھ تیواڑی کا قابلِ قدر کارنامہ یہ ہے کہ وہ مڈل کلاس سے تعلق رکھتے ہوئے بھی اپنے وقار و ایماں، اپنے آدرش، اپنے اصول، اپنی خودداری اور اپنی دوستیاں نہیں بیچ سکا۔ اس کے دوست آج بھی اس کی دوستی پر ناز کر سکتے ہیں۔ مڈل کلاس کا آدمی عمر بھر وفادار رہے اور قابلِ اعتبار دوست رہے یہ بہت ہی مشکل کام ہے۔ پرولٹیسٹ کا جذبہ تیواڑی میں بڑی شدت سے موجود تھا۔ اگر وہ جذبہ غلط رُخ لے لیتا تو وہ تخریب کا آدمی بن جاتا۔ لیکن اس کا پرولٹیسٹ مصلوت کی پُٹ سے لطیف ہو گیا اور یہ جذبہ اس کی کہانیوں، اس کی کویتاؤں، اور اس کے مضمونوں میں سما گیا اور ایک ملائم اور لطیف طنز کے روپ میں اس کی تخلیقات میں عکس ریز ہوا۔

اس طرح کے لطیف طنز کی مثالیں تیواڑی کی کئی چھوٹی چھوٹی کہانیوں میں ملتی ہیں۔ ”گاندھی بنام چارو“، ”انتر“، ”ریڈیو وجدائرہیّا“ اور ”سانجھ میرے اس خیال کی تصدیق کریں گے۔

”گاندھی بنام چارو“ حکومت کی مشینری پر بڑا ہی خوبصورت طنز ہے۔ بات نومبر ۱۹۷۱ء کی ہے۔ اخبارین نکسل واد یوں کی سُرخیوں سے بھری پڑی ہیں۔ خفیہ پولیس والے چارو مجمدار کا انتظار کر رہے ہیں۔ افواہ ہے کہ کہانی کار کے گھر آ رہا ہے۔ یہاں کہانی کار خود تیواڑی ہے، کوئی دوسرا شخص نہیں اس کے گھر کے ارد گرد ”شکی چہروں“ کی بھیڑ ہے۔ اس کے گھر نرگس دت کا پنچ ہے۔ ایڈمنسٹریشن کے سبھی بڑے

بڑے افسر لنچ پر موجود ہیں۔ کہانی کار دیکھتا ہے کہ وہ "شکی چہرے" جو اس کے گھر کو گھیرے ہوئے تھے۔ اچانک چلے گئے ہیں۔ خفیہ پولس کے ایک آدمی کے یہ الفاظ اپنے اندر کتنا بھرپور طنز لیے ہوئے ہیں۔

"اینوں کی پھڑاں گے ایدے گھر تے سرکار لنچ کر رہی ہے۔"

"انتر" کہانی کا ہیرو پروفیسر سنگھ ہے جو بظاہر بڑا ترقی پسند ہے اور اپنے آپ کو کامریڈ سنگھ کہلانے میں بڑا فخر محسوس کرتا ہے۔ یہاں بھی کہانی کار وشوا ناتھ تیواڑی خود ہے لیکن کہانی کی سطروں میں چھپا ہوا ہے۔ وہ کھل کر نظر نہیں آتا۔

پروفیسر سنگھ اپنے مالی کو ڈانٹ رہا ہے کہ وہ دل لگا کر کام نہیں کرتا۔ پھر وہ اپنے باورچی کو ڈانٹتا ہے جو بڑی انکساری سے جواب دیتا ہے کہ اس کی بیوی بیمار ہے۔ پروفیسر سنگھ کا ردّ عمل یہ ہے کہ اگر اس کی بیوی بیمار ہے تو وہ کیا کرے۔ اسے تو کام چاہیے۔ پھر وہ اپنے گھر کام کرنے والی جمادارنی پر غصہ جھاڑتا ہے کیوں کہ وہ کام پر آتے ہوئے اپنے بچے کو بھی ساتھ لے آتی ہے کہانی کار کے ساتھ والے گھر میں یہ فضول چیخ پخ ہو رہی ہے اور اس کے اپنے گھر میں اس کے اپنے شاعر دوست اپنے اپنے شعر سنا رہے ہیں۔ ماحول کا یہ تضاد بڑا ہی شدید ہے۔ کہانی کا کلائمکس اور بھی مضبوط ہو جاتا ہے جب کہانی کار یعنی وشوا ناتھ تیواڑی اپنے آپ سے سوال کرتا ہے۔

"پروفیسر سنگھ تے کامریڈ سنگھ وچ اتنا انتر کیوں ہے؟" جو ہمیشہ یہ کہتا ہے۔ "دنیا بھر دے ادھیا پکو اِک ہو جاؤ۔"

"سانجھ" میں ایک بار پھر کہانی کار وشوا ناتھ تیواڑی خود موجود ہے۔ لیکن چھپ کر سب کچھ کہہ رہا ہے اور سُن رہا ہے۔ یہاں بھی وہ کھل کر سامنے آنے سے گریز کرتا ہے۔ اور یہ اس کی بہت بڑی کامیابی ہے۔ کہانی کار برسوں بعد اپنے شہر آتا ہے۔ یہاں جس شہر کا ذکر ہے وہ پنجاب کا تاریخی شہر پٹیالہ ہے۔ وہ مال روڈ جس پر ایک زمانہ تھا جب سڑک پر سے گزرنے والا ہر تیسرا شخص اس کا دوست ہوا کرتا تھا لیکن اب اسے کوئی پہچانتا بھی نہیں۔ یہیں قریب ہی مالوہ سینما کی بالکونی ہے جہاں وہ اپنے محبوب کا انتظار کیا کرتا تھا۔ پاس ہی کالی کا مندر ہے جہاں وہ اکثر آیا کرتا تھا۔

وہ سب کچھ موجود ہے جو اس کے ماضی سے جُڑا ہوا ہے لیکن اب کسی کو فرصت نہیں ہے اسے دیکھنے اور پہچاننے کی۔ یہاں پہنچ کر کہانی کار کہہ اُٹھتا ہے۔

"لوگ مکڑیاں بن گئے ہُن، ہر کوئی اپنے اپنے جالے وچ پھسیا ہویا ہے۔"

اور پھر اسے اچانک احساس ہوتا ہے کہ اس کی جُوتی میں کوئی کیل نکلی ہے جو اس کے پاؤں میں بڑی بے دردی سے چبھ رہی ہے۔ یہ کیل دراصل تیواڑی کا اپنا احساس ہے جو اسے اندر ہی اندر کچھ کہہ رہا ہے۔

"ریڈیو وجدا رہیا" افسانہ چنڈی گڑھ شہر کا بڑا ہی خوبصورت اور طنز بھرا تجزیہ ہے۔ کاربوزیر کے بلیو پرنٹ میں پتھروں، سیمنٹ، دیواروں، سڑکوں، عمارتوں اور پارکوں سب کے لیے جگہ مخصوص کی گئی ہے لیکن اس شہر میں رہنے والے لوگوں کے لیے کوئی جگہ متعین نہیں کی گئی۔ نہ کوئی اپنے بارے میں جانتا ہے نہ اپنے پڑوسیوں کے بارے میں۔ یہاں نہ کوئی کسی پرمپرا سے جُڑا ہوا ہے نہ کسی تاریخ سے۔ وہی بات جو میں نے اپنے ناول 'ایک شہر ایک محبوبہ' میں کہی تھی۔ وشوا ناتھ تیواڑی نے ڈیڑھ صفحے کی کہانی میں سمیٹ دی ہے۔ کہانی کا یہ جملہ کہانی کی رُوح بھی ہے اور چنڈی گڑھ پر ایک بھرپور طنز بھی۔

"ایتھے سب کچھ ہے پر شہر نہیں۔"

پنجابی ادب وشوا ناتھ تیواڑی پر مدتوں ناز کرے گا کہ اس نے اپنی کہانیوں میں پورے پنجاب کی عکاسی کی ہے۔ جیتے جاگتے جاندار گبھروؤں، ہرنیوں جیسی مٹیاروں اور بھرپور فصلوں والا پنجاب۔ پنجاب کی ساری تہذیب اور اس کے سموچے کلچر اور اس کی بولی اور اس کی مٹی اور اس کی خوشبو کے ساتھ ساتھ اس نے آج کے یُگ کے مسئلوں، تقاضوں، اور فرسٹریشنز کی بھی بات کی ہے۔ اس نے پنجاب کو صرف ہیر اور سسی اور سوہنی کی نظروں سے ہی نہیں دیکھا بلکہ اسے ان عاشقوں کی نظر سے بھی دیکھا ہے جنھوں نے اپنی دھرتی کی آبرو، عزت اور وقار کے لیے سولیوں کو چوما تھا۔

زندہ باد وشوا ناتھ تیواڑی!

لیکن ایک بات کہے بغیر نہیں رہ سکوں گا۔ کہیں پڑھا تھا کہ ہر عظیم رچنا کے پیچھے

کسی بڑی عورت کا ہاتھ ہوتا ہے۔ وشوا ناتھ تیواڑی کی رچناؤں کے پیچھے جو عورت ہے اس کا نام امرت تیواڑی ہے، جس نے اسے صدا حوصلہ اور پیار دیا اور جس نے ابھی چند ہی روز پہلے کہا تھا۔ تیواڑی کی تصویر کو ہار مت پہنانا۔ ہار مُردہ لوگوں کو پہنائے جاتے ہیں۔ وشوا ناتھ تیواڑی زندہ ہے۔

وہ زندہ ہی رہے گا امرت جی۔ اس کا یقین صرف آپ ہی کو نہیں ہم سب کو ہے ہم اس کے دوست اور اس کے مداح ہیں اور جنھیں اس بات پر ایمان ہے کہ دنیا میں روشن قدریں کبھی نہیں مریں گی۔

مَیں تو وشوا ناتھ تیواڑی کو کلائمیکس کا آدمی سمجھتا ہوں اور یہ بات میں بطور ایک کہانی کار کے ہی نہیں بلکہ ایک ڈرامہ نگار کی حیثیت سے بھی کہہ رہا ہوں تیواڑی کلائمیکس بلڈاپ کرنا جانتا تھا اور یہی اس کی سب سے بڑی کامیابی تھی۔ وہ کلائمیکس چاہے اس کی نجی زندگی کا تھا، اس کی دوستی کا تھا، اس کے کام کا تھا، اس کی شاعری کا تھا۔ اس کی کہانی کا تھا۔ اسے اس بات کا شعور تھا کہ کلائمیکس کہاں ہونا چاہیے۔ اینٹی کلائمیکس اس کی زندگی کے احاطے میں تھا ہی نہیں۔

دوستو! اسے کبھی یقین نہیں تھا کہ اس کے چھوٹے چھوٹے افسانے جن کے اس نے اتنے خوبصورت کلائمیکس بلڈاپ کیے ہیں ایک دن اس کی زندگی کا اتنا بڑا کلائمیکس بھی دیکھیں گے تیواڑی کا قتل، اس کی زندگی، اس کی شاعری، اس کے افسانوں اور خود اس کے خوابوں کا اینٹی کلائمیکس تھا۔ جس کے لیے نہ وہ خود تیار تھا، نہ اس کے بیوی بچے اور نہ اس کے دوست۔

وشوا ناتھ تیواڑی اپنے چھوٹے چھوٹے گریس فل، پُر وقار، تاثر انگیز اور خوبصورت کلائمیکس کے درمیان اپنے سینے پر اینٹی کلائمیکس کی صلیب سجائے ہمیں چھوڑ گیا کہ ہر نیک اور خوبصورت انسان کی محنتوں کا یہی صلہ ہے۔ چاہے وہ کوئی پیغمبر ہو چاہے فن کار۔ !

باتیں ہماری یاد رہیں، پھر باتیں نہ ایسی سُنیے گا
جب بھی کسی سے سُنیے گا تو دیر تلک سر دُھنیے گا

شوکت تھانوی
کے تحریر کردہ خاکے

شیش محل

(بین الاقوامی ایڈیشن)

منظر عام پر آچکا ہے

سلیمان اطہر جاوید

کے تحریر کردہ خاکے

چہرہ چہرہ داستان

(بین الاقوامی ایڈیشن)

منظر عام پر آچکا ہے